U0754884

GAOGAOSKY | 高高BOOKS

玩游戏
学古诗 上

李糖 编著

汪兆 编程

作家出版社

图书在版编目（CIP）数据

玩游戏　学古诗 /李糖编著. –– 北京：作家出版社，2019.8

ISBN 978-7-5212-0650-0

Ⅰ.①玩… Ⅱ.①李… Ⅲ.①古典诗歌—中国—少儿读物②程序设计—少儿读物 Ⅳ.①I222②TP311.1-49

中国版本图书馆CIP数据核字（2019）第155444号

玩游戏　学古诗

作　　　者：李　糖
编　　　程：汪　兆
责任编辑：李　夏
装帧设计：高高国际
出版发行：作家出版社有限公司
社　　　址：北京农展馆南里10号　　　邮　　编：100125
电话传真：86-10-65067186（发行中心及邮购部）
　　　　　86-10-65004079（总编室）
E-mail:zuojia@zuojia.net.cn
http://www.zuojiachubanshe.com
印　　　刷：北京盛通印刷股份有限公司
成品尺寸：170×230
字　　　数：98千
印　　　张：11.5
版　　　次：2020年2月第1版
印　　　次：2020年2月第1次印刷
ISBN 978-7-5212-0650-0
定　　　价：138.00元（全三册）

作家版图书，版权所有，侵权必究。
作家版图书，印装错误可随时退换。

玩游戏　学古诗

让我们来玩个游戏吧

推荐序

　　中国人对古诗有着与生俱来的感情，无论你去国离乡多么远，多么久，漂泊于全球各地哪一端，只要不经意间入耳一句儿时"深种"的古韵唐诗，纵陌生人间都会相视一笑，莫名神交——所谓一脉相承。民族的根脉、文化的根脉，没人可以轻易割舍。

　　那些从"诗词大会"中脱颖而出、广受赞誉的孩子，我想一定不是天生的"诗霸""词霸"，但一定是从小接触较早、较有学习环境，喜读诗、会读诗的孩子。诗书是良田，恒读是善种。我们很难再找到一种阅读形态，它会比读古诗更加能够同时锻炼一个孩子的记忆力和想象力。所以，我特别欣赏那些有意识从小引导、辅助孩子持之以恒地学习、背诵古诗的家长。

　　从小饱读古诗词、深谙诗词之美的孩子，人生势必不会苍白。不远的将来，我们身处的世界还会更加不同以往、变化无常。以不变应万变的，只能是孩子们自己一路沉淀磨炼出的头脑和技能。而这些技能显然不该仅仅包括诗情画意，更要包括每一个时代所特有的、足以保障他们安身立命和追求幸福的新本领。

手头这本小书，字里行间透出了作者和出版者的良苦用心，着实颇有新意和诚意，令人眼前一亮，豁然许多。帮助儿童学古诗的图书自然不少，但能想到将编程这样的抽象技能与古诗的启蒙学习相组合，并以小游戏的方式巧妙渗透，带领孩子不知不觉地轻松迈出"编程入门第一步"的书，似并未发现。事实上，许多新生事物的出现之所以在初期不那么容易被普及，甚至被误认为"千难万难"，出问题的也许往往并非事物本身，而是我们如何解读和验证它。

　　不敢想象，当一个熟读唐诗三百首的"中国芯"孩子却拥有着扎实的CS（计算机科学）起步功底和编程思维，在与那些千百年前的"最强大脑"轻松凝望、对话的同时，亦能够高超驾驭计算机的大脑，主宰人工智能的他日江山，那会是一番怎样的神奇与诗意！

　　无限祝福每一个孩子的美好人生！

董　卿

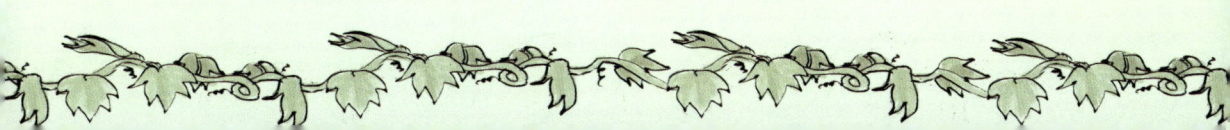

这一篇"序"，是写给家长看的

小学六个年级的语文课本里，古诗文的比重已经高达30%，到了初中，更是高达50%；在即将来临的人工智能时代，少儿编程很快将成为写作、算术、阅读之外的第四项基本能力。日本、新加坡以及很多欧美国家已将编程列为中小学生的必修课。在中国，人工智能产业的发展，已经连续三年在政府工作报告中被重点提及，而早在2017年，浙江省已将信息技术纳入高考科目。

看到这些带有明显信号意义的信息，作为家长，是不是多少有些焦虑？古诗早就让孩子背了，但今天记明天忘，即便记住了，又因为难以理解，根本不会活学活用；编程以前自己没接触过，根本教不了孩子，不知如何下手。

古诗也好，编程也罢，再好的东西要想让孩子去学，最好的方法是让孩子喜欢上它，要让学习的过程符合孩子的天性。游戏，就是最符合孩子天性的学习方法。这也是这套书将古诗和编程这两个看似风马牛不相及的东西，通过"游戏"的方式融合在一起的初衷——选取古诗中的关键元素，用编程开发成有趣味、有情节、有场景、有挑战、有互动的游戏，引导孩子记忆古诗，理解古诗，

同时，启发孩子发现编程的奇妙之处，激发学习编程的兴趣。

这套书最初的书名叫《编程游戏学古诗》，这个书名可能更好理解编者的创作意图。之所以最终采用现在的书名，就是为了淡化"编程"这个绝大多数家长和孩子都不太熟悉的新东西，而只突出了"游戏"的功能，让孩子在游戏时自己去探究游戏背后暗藏的制作、设计、思维方法，用润物细无声的方式，让孩子先接触编程，享受编程给他带来的快乐，从而激发孩子自发学习编程的兴趣。一旦孩子学习编程的兴趣被激发了，他就会自己找到我们随书赠送的"游戏编程秘籍"，自己动手尝试着用编程的方法开发游戏。这也正是我们策划这套书的逻辑所在。

按照这样的逻辑，我们建议家长给孩子这套书时，不要使用"给你一套古诗书""给你一套编程书"这样的标签，而要多使用一些引导式的语言，比如："我们来玩个游戏吧！""这个游戏里有哪些古诗里的东西？""太有趣了，这个游戏是怎么做出来的呢？""我们要是自己会编程，就可以改进这个游戏了。""要不我们看看游戏编程秘籍？""我们自己也动手做个游戏试试？"

孩子玩游戏的过程，就是记古诗理解古诗的过程，也是了解编程、爱上编程、学习编程的过程。作为家长，切不可操之过急，引导孩子玩好这些游戏，一切水到渠成！

这一篇"序",是写给孩子看的

小朋友,当你拿到这套书时,不要把它看作古诗书,更不要把它看作编程书,它只是一套好玩的游戏书!

这里面一共有80个游戏,有射击游戏,有情景游戏,有填空游戏,有转盘游戏,有连线游戏,有"消消乐"游戏,有找错游戏,有钓鱼游戏,有拼图游戏……

与一般的游戏不同的地方在于,这些游戏正好都与古诗有关,正好都是用编程做出来的,仅此而已!

这套书不想刻意地教你学古诗,也不想刻意地教你学编程,真的就想让你玩游戏。当然,玩着玩着,你也能发现古诗的记忆线索,你也会发现编程的思维方式。

假如正好家长或老师叫你学某一首古诗,你可以从书里把对应的游戏找出来玩一玩,看看能不能帮你记住这首古诗,或者理解这首古诗。比如:《江雪》,对应的是一个漫天大雪中的钓鱼游戏;《芙蓉楼送辛渐》,对应的是一个诗句转盘游戏;《古朗月行》,对应的是一个送迷途的玉兔回家的移动游戏。

假如正好家长或老师教你学非常热门、非常有趣、非常有用的少儿编程,你也可以玩玩书里的游戏,体会

一下编程是什么，体会一下编程思维是什么。如果还有兴趣，也可以看看随书附赠的"游戏编程秘籍"，探究一下这些好玩的游戏是怎么做出来的。把这些弄明白后，你也可以从模仿开始，尝试着自己用编程开发只属于你自己的游戏！

假如只是假如，你完全可以不用管这套书对你的学习到底有什么用，只要记得去玩游戏就行，记得去思考游戏背后暗藏的古诗和游戏制作设计密码就行！

祝你玩得开心哦！

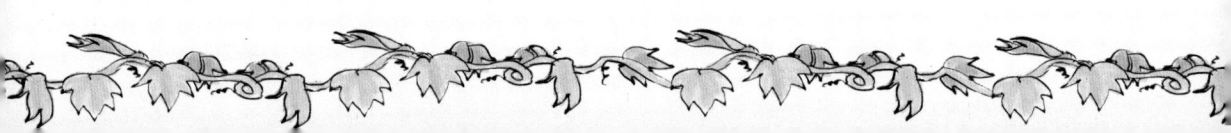

目录

咏鹅
yǒng é

唐·骆宾王

é é é
鹅，鹅，鹅，
qū xiàng xiàng tiān gē
曲项向天歌。
bái máo fú lǜ shuǐ
白毛浮绿水，
hóng zhǎng bō qīng bō
红掌拨清波。

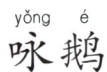

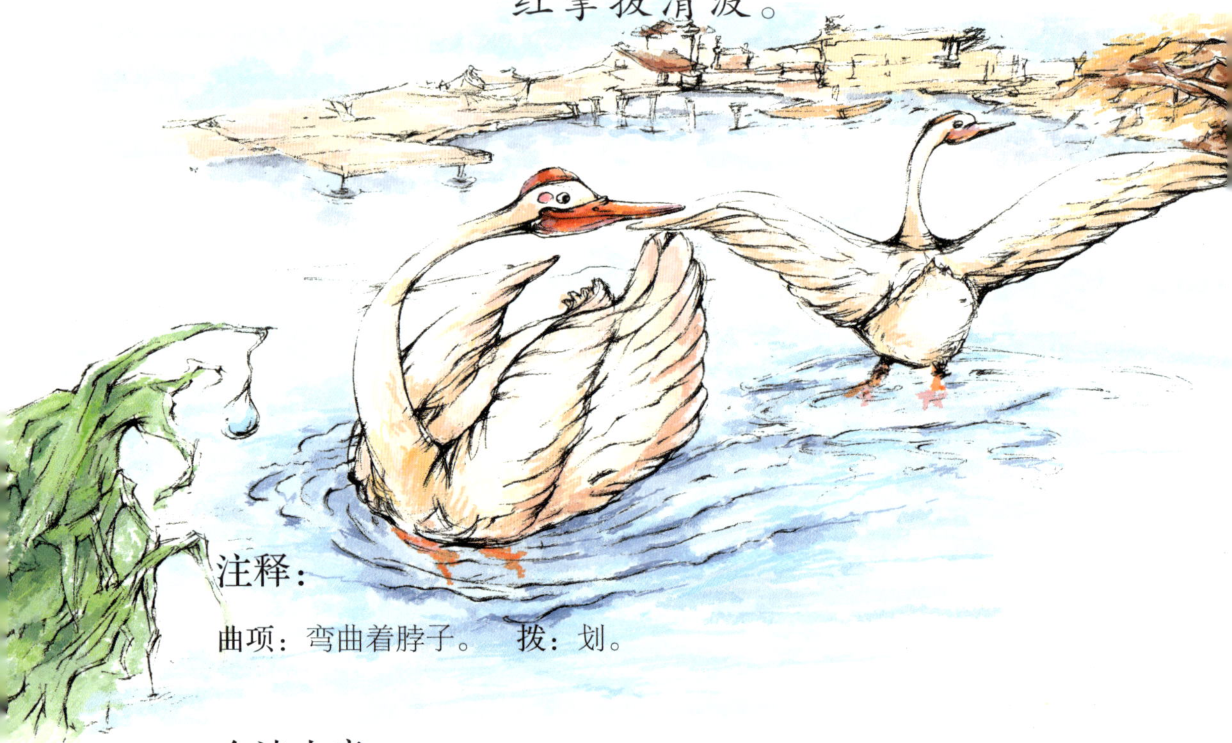

注释：

曲项：弯曲着脖子。　拨：划。

全诗大意

一只只的大白鹅，弯着细长的脖子仰天欢叫。洁白的羽毛漂浮在碧绿的水面上，红红的脚掌拨动着清澈的水波。

用手机扫一扫，先玩玩这个游戏，在游戏中理解并记住这首诗吧！

编程游戏

遗失的颜色

选取元素

鹅、白色、绿色、红色

游戏任务

一个池塘上，两只白鹅从右向左游动，游动时，白鹅分别冒出两句残缺不全的诗——"（1）毛浮（2）水""（3）掌拨清波"，要求玩家按（1）（2）（3）的顺序点击画面上方的彩色圆圈。答对了，会出现"√"；答错了，会出现"×"。

春江水暖鸭先知（宋·苏轼《惠崇春江晓景》）　春风又绿江南岸（宋·王安石《泊船瓜洲》）　春来江水绿如蓝（唐·白居易《忆江南》）

13

静夜思
jìng yè sī

唐·李白

床前明月光，
chuáng qián míng yuè guāng

疑是地上霜。
yí shì dì shàng shuāng

举头望明月，
jǔ tóu wàng míng yuè

低头思故乡。
dī tóu sī gù xiāng

注释：

疑：以为。 举：抬。

全诗大意

皎洁的月光洒在床前，地上仿佛铺上了一层薄霜。抬起头，看着空中高悬的明月，低下头，不禁想起我遥远的故乡。

用手机扫一扫，先玩玩这个游戏，在游戏中理解并记住这首诗吧！

编程游戏

珠联璧合成诗句

选取元素

床前、光、地上、霜、举头、望、低头、思

游戏任务

从每句诗里选取两个词，四句诗一共选了八个词，将它们的顺序打乱排列。游戏中要求小朋友将属于同一个诗句里的两个词用线连起来，比如"举头"要连"望"，一旦全部连线成功，就会弹出整首诗。游戏之后，诗还用死记硬背吗？

 万紫千红总是春（宋·朱熹《春日》） 夜静春山空（唐·王维《鸟鸣涧》） 春光懒困倚微风（唐·杜甫《江畔独步寻花》）

jiāng nán
江南

汉·汉乐府

jiāng nán kě cǎi lián
江南可采莲，
lián yè hé tián tián
莲叶何田田。
yú xì lián yè jiān
鱼戏莲叶间。
yú xì lián yè dōng
鱼戏莲叶东，
yú xì lián yè xī
鱼戏莲叶西，
yú xì lián yè nán
鱼戏莲叶南，
yú xì lián yè běi
鱼戏莲叶北。

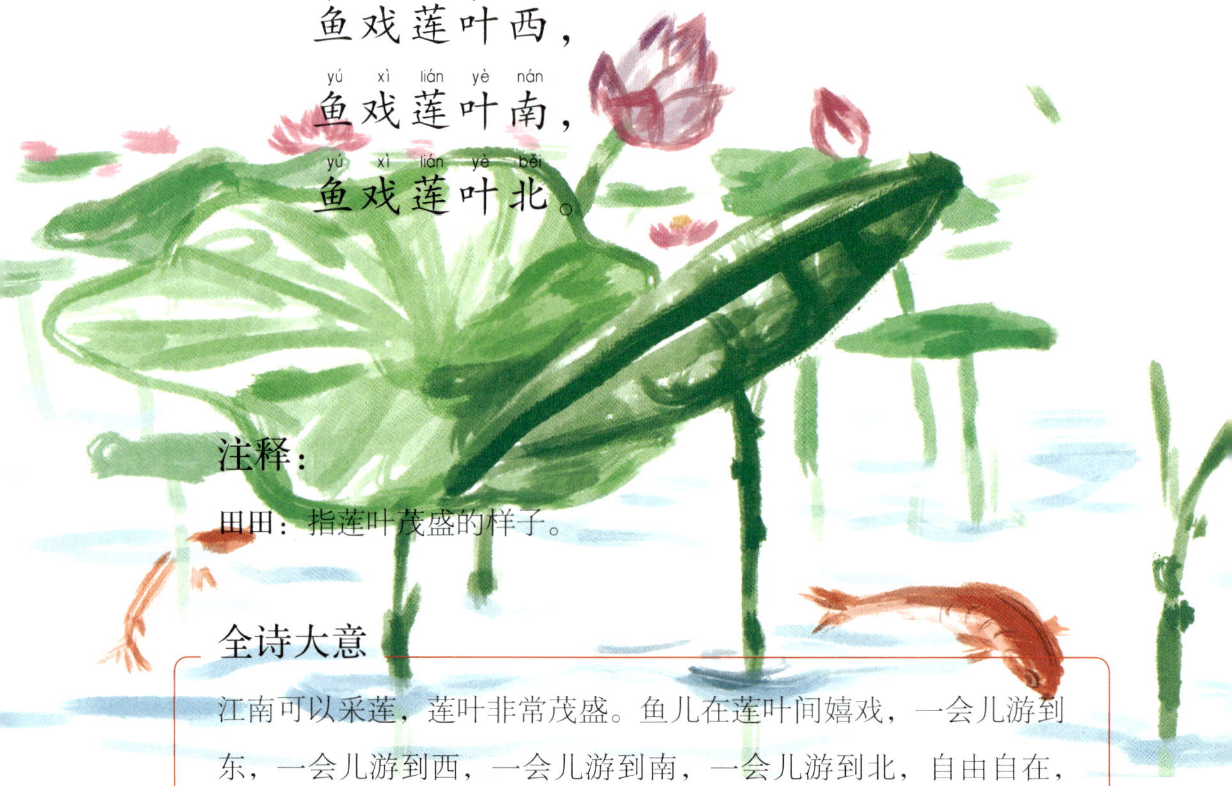

注释：

田田：指莲叶茂盛的样子。

全诗大意

江南可以采莲，莲叶非常茂盛。鱼儿在莲叶间嬉戏，一会儿游到东，一会儿游到西，一会儿游到南，一会儿游到北，自由自在，好不快活。

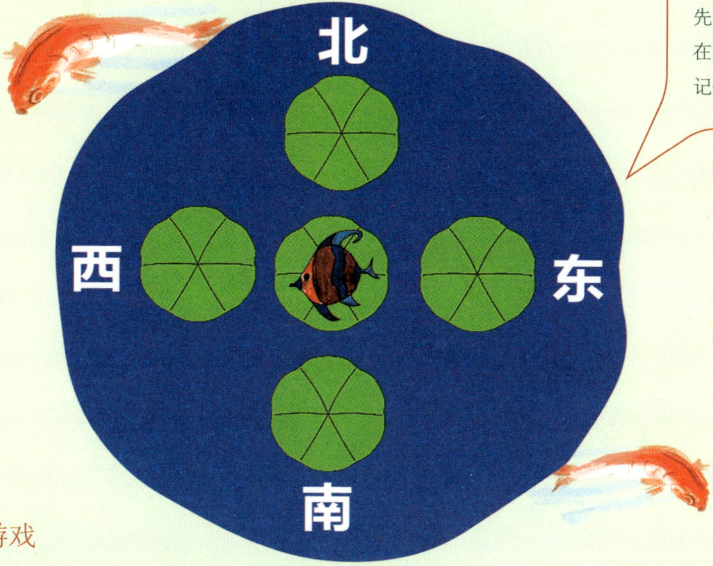

北

西　　东

南

用手机扫一扫,
先玩玩这个游戏,
在游戏中理解并
记住这首诗吧!

编程游戏

分清方位不迷路

选取元素

东、西、南、北、鱼

游戏任务

池塘里有五片荷叶,外边的四片上分别写着东、南、西、北四个方位,小鱼儿在中间。游戏时,小朋友要按原诗中的顺序,点击四个方位,指挥小鱼儿游动。点错了,小鱼儿就迷路了哦!

春　时鸣春涧中（唐·王维《鸟鸣涧》）　春风花草香（唐·杜甫《绝句》迟日江山丽）

17

敕勒歌
chì lè gē

北朝民歌

敕勒川，阴山下，
chì lè chuān yīn shān xià

天似穹庐，笼盖四野。
tiān sì qióng lú lǒng gài sì yě

天苍苍，野茫茫，
tiān cāng cāng yě máng máng

风吹草低见牛羊。
fēng chuī cǎo dī xiàn niú yáng

注释：

敕勒：南北朝时期的一个游牧部落。 **穹庐：**游牧民族居住的帐篷。

全诗大意

一望无际的敕勒平原，就在阴山脚下，天幕就像一顶巨大的帐篷，笼盖着茫茫原野。天空深邃无边，草原辽阔，每当有风吹过，牧草低伏，就能发现正在放牧的牛羊。

用手机扫一扫，先玩玩这个游戏，在游戏中理解并记住这首诗吧!

用手机扫一扫，先玩玩这个游戏，在游戏中理解并记住这首诗吧!

编程游戏

青草丛中藏猫猫

选取元素

牛、羊、草丛

游戏任务

这首诗最打动我们的**诗句**就是那句"风吹草低见牛羊"，这个场景很像我们常玩的藏猫猫哦。这个编程游戏，就是围绕这句诗来设计的，通过编程，把草丛里**若隐若现**的牛、羊找出来。**可爱的牛羊**，好像在跟我们藏猫猫。

阳春布德泽（汉·汉乐府《长歌行》）　春风送暖入屠苏（宋·王安石《元日》）

凉州词（其一）

liáng zhōu cí

唐·王之涣

huáng hé yuǎn shàng bái yún jiān
黄河远上白云间，

yí piàn gū chéng wàn rèn shān
一片孤城万仞山。

qiāng dí hé xū yuàn yáng liǔ
羌笛何须怨杨柳，

chūn fēng bú dù yù mén guān
春风不度玉门关。

注释：

羌笛：羌族乐器。　度：越过。

全诗大意

一眼望去，黄河渐行渐远，仿佛奔流在白云中间，一座孤城玉门关耸立在万仞高山之中。何必用羌笛吹奏出《杨柳曲》，埋怨春光迟迟不来，玉门关一带本来就是春风吹不到的地方啊。

用手机扫一扫，先玩玩这个游戏，在游戏中理解并记住这首诗吧！

编程游戏

我乃春风，快开门！

选取元素

春风、玉门关

游戏任务

如果说这首诗有个**诗眼**的话，那应该就是"春风不度玉门关"了。游戏用**拟人的手法**，将"春风"和"玉门关"比拟为两个人，就"春风不度玉门关"展开一段有趣的对话。觉得好，别忘了分享出去哦。

 春种一粒粟（唐·李绅《悯农》其一） 拂堤杨柳醉春烟（清·高鼎《村居》）

登鹳雀楼
dēng guàn què lóu

唐·王之涣

白日依山尽，黄河入海流。
bái rì yī shān jìn　huáng hé rù hǎi liú

欲穷千里目，更上一层楼。
yù qióng qiān lǐ mù　gèng shàng yì céng lóu

注释：

尽：消失。　穷：尽。

全诗大意

夕阳西下，依傍着山峦渐渐沉没，黄河奔流，汇入浩瀚的大海。
要想打开千里视野，就要再登上更高的一层楼。

用手机扫一扫，先玩玩这个游戏，在游戏中理解并记住这首诗吧！

编程游戏

再看一眼下山的太阳

选取元素

山、太阳、诗人、鹳雀楼

游戏任务

太阳刚刚落山，诗人恋恋不舍。怎样才能再看一眼落山的太阳呢？通过编程，我们让诗人像大侠一样，一跃而上，登上鹳雀楼更高的楼层，站得更高了，视角也变了，刚刚没入山后的太阳又能看见了。

 当春乃发生（唐·杜甫《春夜喜雨》） 春眠不觉晓（唐·孟浩然《春晓》）

凉州词（其一）

liáng zhōu cí

唐 · 王翰

pú tao měi jiǔ yè guāng bēi　yù yǐn pí pa mǎ shàng cuī
葡萄美酒夜光杯，欲饮琵琶马上催。

zuì wò shā chǎng jūn mò xiào　gǔ lái zhēng zhàn jǐ rén huí
醉卧沙场君莫笑，古来征战几人回？

注释：

夜光杯：一种白玉制成的杯子。　沙场：古时多指战场。

全诗大意

甘醇的葡萄美酒用夜光杯盛满，正想开怀畅饮，传来阵阵琵琶声，这是催促将士们举杯痛饮吧。喝个痛快吧，即使醉倒在沙场上，也请诸君不要见笑，自古征战沙场，没有几人能活着归来。

用手机扫一扫，
先玩玩这个游戏，
在游戏中理解并
记住这首诗吧！

编程游戏

接葡萄

选取元素

葡萄、杯子

游戏任务

关键词记忆是一种很好的记忆方法。结合诗词中出现的关键词，设计了一个移动杯子接住掉落的葡萄，并化为葡萄美酒的互动游戏，接满五颗时，会弹出整首诗，让你再次强化记忆。

 二月春风似剪刀（唐·贺知章《咏柳》）　春来发几枝
（唐·王维《相思》）

芙蓉楼送辛渐

唐·王昌龄

寒雨连江夜入吴，

平明送客楚山孤。

洛阳亲友如相问，

一片冰心在玉壶。

注释：

平明：天刚刚亮的时候。　冰心：比喻纯洁的心。

全诗大意

迷蒙的烟雨，一夜之间笼罩着吴地和江面，清晨送别好友，我的心情就像楚山一样孤独寂寞！朋友啊，如果洛阳的亲友问起我来，你就说我的心就像珍藏在玉壶里的冰一样纯洁！

芙蓉楼送辛渐

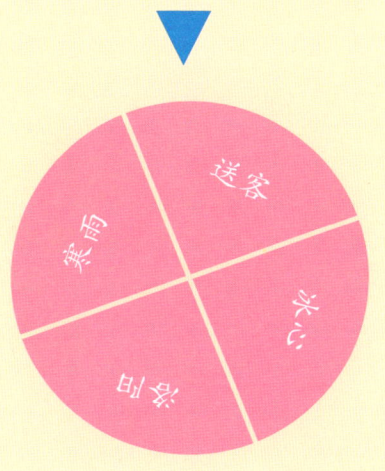

用手机扫一扫，先玩玩这个游戏，在游戏中理解并记住这首诗吧！

编程游戏

诗句大转盘

选取元素

寒雨、送客、洛阳、冰心

游戏任务

从四句诗中分别挑选出一个词：寒雨、送客、洛阳、冰心，作为四句诗的**记忆关键词**，再设计一个随机转动的转盘，当指针指向某个关键词时，弹出这个关键词代表的那句诗，这样，我们就可以在游戏中，**轻轻松松**地记住这首诗了。

 报得三春晖（唐·孟郊《游子吟》） 最是一年春好处（唐·韩愈《早春呈水部张十八员外》）

mǐn nóng
悯农（其一）

唐·李绅

chūn zhòng yí lì sù
春种一粒粟，
qiū shōu wàn kē zǐ
秋收万颗子。
sì hǎi wú xián tián
四海无闲田，
nóng fū yóu è sǐ
农夫犹饿死。

注释：

四海：指全国。 闲田：指没有耕种的土地。

全诗大意

春天播种一粒种子，秋天就能收获很多粮食。天下没有一块闲置的农田，却依然有种田的农夫饿死。

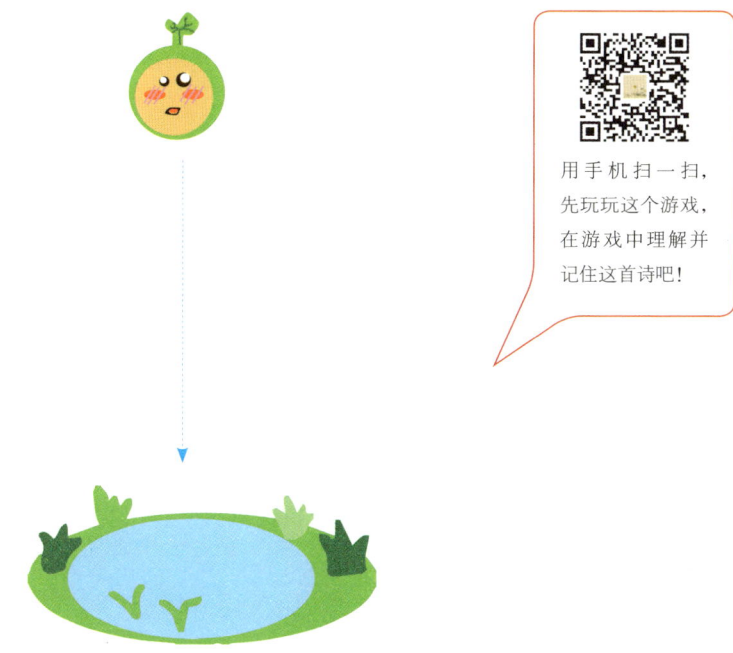

用手机扫一扫，
先玩玩这个游戏，
在游戏中理解并
记住这首诗吧！

编程游戏

我们一起种庄稼

选取元素

种子、田

游戏任务

我们选取诗中的种子和田两个元素来设计一个可以动手的游戏吧。屏幕的上方会随机撒落一粒粒种子，在屏幕的下方有一块水田，玩家要移动下面的水田，去接住撒落的种子。每接住一粒种子，水田里会冒出一个小苗，接住十粒种子时，弹出整首诗。

春潮带雨晚来急 (唐·韦应物《滁州西涧》)　　春风吹又生
(唐·白居易《赋得古原草送别》)

送元二使安西
sòng yuán èr shǐ ān xī

唐·王维

渭城朝雨浥轻尘，客舍青青柳色新。
wèi chéng zhāo yǔ yì qīng chén　　kè shè qīng qīng liǔ sè xīn

劝君更尽一杯酒，西出阳关无故人。
quàn jūn gèng jìn yì bēi jiǔ　　xī chū yáng guān wú gù rén

注释：

使：出使。　浥：湿润。

全诗大意

清晨，渭城细雨霏霏，湿润了路上的尘埃，在青堂瓦舍的映衬下，柳树的枝叶翠绿一新。朋友，请你再干一杯饯别酒吧，出了阳关，再难遇到知心的朋友了。

尽　　浥　　新

故

用手机扫一扫，先玩玩这个游戏，在游戏中理解并记住这首诗吧！

渭城朝雨____轻尘，客舍青青柳色____。
劝君更____一杯酒，西出阳关无____人。

编程游戏

各就其位

选取元素

浥、新、尽、故四个字

游戏任务

这是一个填空游戏，我们选取了诗中**很有特点的四个字**，随机地摆放在画面上，小朋友要将四个字**各就其位**，拖放到正确的地方。游戏可以反复多玩几次哦，玩着玩着也就记住了。

 春色满园关不住（宋·叶绍翁《游园不值》）　春风不度玉门关（唐·王之涣《凉州词》其一）

古朗月行 (节选)
gǔ lǎng yuè xíng

唐·李白

小时不识月，呼作白玉盘。
xiǎo shí bù shí yuè　hū zuò bái yù pán

又疑瑶台镜，飞在青云端
yòu yí yáo tái jìng　fēi zài qīng yún duān

注释：

呼作：称为。　疑：怀疑。

全诗大意

小时候不认识月亮，叫它白玉盘。又怀疑它是瑶台仙镜，飞在青云之上。

用手机扫一扫，先玩玩这个游戏，在游戏中理解并记住这首诗吧！

快送我回家

编程游戏

迷途的玉兔

选取元素

玉兔、月亮、云

游戏任务

调皮的玉兔偷偷跑出去玩儿，没想到几片白云飘来，挡住了月亮，玉兔四处张望，不知家在何方。快移开挡住月亮的白云，好让迷途的玉兔回家吧！

 明月何时照我还（宋·王安石《泊船瓜洲》） 月出惊山鸟（唐·王维《鸟鸣涧》）

zèng wāng lún
赠汪伦

唐·李白

lǐ bái chéng zhōu jiāng yù xíng
李白乘舟将欲行，
hū wén àn shàng tà gē shēng
忽闻岸上踏歌声。
táo huā tán shuǐ shēn qiān chǐ
桃花潭水深千尺，
bù jí wāng lún sòng wǒ qíng
不及汪伦送我情。

注释：

忽闻：忽然听见。 **踏歌：**民间的一种歌唱方式，一边走一边唱，依照脚步的节拍唱歌。

全诗大意

李白乘舟将要离开，忽然听见岸上传来歌声。桃花潭水啊，深有千尺，也没有好朋友汪伦送别我的情谊深。

用手机扫一扫,先玩玩这个游戏,在游戏中理解并记住这首诗吧!

编程游戏

李白与桃花潭的对话

选取元素

李白、桃花潭

游戏任务

这个场景式的游戏,按照诗中意境做了一点延伸。李白告别汪伦后,与桃花潭水有一段对话——李白:"潭兄,你有多深?"桃花潭:"在下深千尺。"李白:"那也不及汪伦送我情啊!"记得点击屏幕,让对话弹出哦!

 月落乌啼霜满天 (唐·张继《枫桥夜泊》) 床前明月光 (唐·李白《静夜思》)

^{jué jù}
绝句 （节选）

唐·杜甫

^{chí rì jiāng shān lì　　chūn fēng huā cǎo xiāng}
迟日江山丽，春风花草香。
^{ní róng fēi yàn zi　　shā nuǎn shuì yuān yang}
泥融飞燕子，沙暖睡鸳鸯。

注释：

迟日：春天白昼渐长，所以说迟日。　泥融：泥土滋润。

全诗大意

春天来了，白天渐渐变长了，江山分外秀丽，春风送来阵阵花草的芳香。燕子衔着湿润的泥土忙着筑巢，一对对鸳鸯悠闲地睡在暖暖的沙子上。

用手机扫一扫，先玩玩这个游戏，在游戏中理解并记住这首诗吧！

编程游戏

燕子投窝

选取元素

燕子、燕子窝

游戏任务

燕子窝**筑**好了，小燕子终于有了自己的**家**。游戏中，一个燕子窝左右移动，有时快，有时慢，要求玩家判断燕子窝的移动速度，点击等在下面的燕子，如果准确碰到燕子窝，就会弹出一句诗，连续四次碰到，整首诗弹出。如果没能碰到燕子窝，游戏就失败了，需要从头再来哦。

 **月** 举头望明月（唐·李白《静夜思》）　秦时明月汉时关（唐·王昌龄《出塞》）

黄鹤楼送孟浩然之广陵

唐·李白

故人西辞黄鹤楼，
烟花三月下扬州。
孤帆远影碧空尽，
惟见长江天际流。

注释：

之：到……去。　下：顺流而下。

全诗大意

老朋友孟浩然，在黄鹤楼与我辞别，阳春三月柳絮如烟、繁花似锦，他要去扬州游历。一叶孤舟载着他远远地消失在碧空尽头，只见浩浩荡荡的长江，向天边奔去！

用手机扫一扫，先玩玩这个游戏，在游戏中理解并记住这首诗吧！

编程游戏

故人远去

选取元素

孟浩然、船、黄鹤楼

游戏任务

我们用跳一跳这样的动作类游戏，来再现诗中**辞别**的场景。孟浩然在**岸边**与诗人**告别**之后，一跃登船，沿着长江**顺流而下**，当然，这需要玩家点击一下小船。如果我们不小心点击了黄鹤楼，孟浩然就会一跃登上黄鹤楼，这显然与诗意不符。

 **小时不识月**（唐·李白《古朗月行》） **月黑雁飞高**（唐·卢纶《塞下曲》）

jiāng xuě
江雪

唐·柳宗元

qiān shān niǎo fēi jué　　wàn jìng rén zōng miè
千山鸟飞绝，万径人踪灭。
gū zhōu suō lì wēng　　dú diào hán jiāng xuě
孤舟蓑笠翁，独钓寒江雪。

注释：

径：小路。　蓑笠：蓑衣和斗笠。

全诗大意

所有的山上，鸟都飞走了；所有的路上，人都没有踪影。江面上孤零零的一条小船，一个老者穿着蓑衣，戴着斗笠，坐在船头，在这冰天雪地中独自垂钓。

用手机扫一扫，
先玩玩这个游戏，
在游戏中理解并
记住这首诗吧！

编程游戏

独钓寒江雪

选取元素

水花、鱼、鱼竿、鱼线

游戏任务

当鱼儿出现时，会带来**轻微**的水花，钓鱼人看见**随机**出现的水花，就知道有鱼了，这时，赶紧点击鱼竿，你就会钓起一条鱼了。钓到三条鱼后，会弹出整首诗，快温习一下吧！

 毕竟西湖六月中 （宋·杨万里《晓出净慈寺送林子方》）

渔歌子
_{yú gē zǐ}

唐·张志和

西塞山前白鹭飞，
_{xī sài shān qián bái lù fēi}

桃花流水鳜鱼肥。
_{táo huā liú shuǐ guì yú féi}

青箬笠，绿蓑衣，
_{qīng ruò lì   lù suō yī}

斜风细雨不须归。
_{xié fēng xì yǔ bù xū guī}

注释：

箬笠：斗笠。

全诗大意

白鹭从西塞山前自由地飞翔，流水中漂浮着桃花，肥美的鳜鱼欢快地游着。头戴青色的斗笠，身披绿色的蓑衣，斜风细雨来了，也不用回家。

用手机扫一扫，
先玩玩这个游戏，
在游戏中理解并
记住这首诗吧！

编程游戏

桃花流水鳜鱼肥

选取元素

桃花、流水、鳜鱼

游戏任务

这是个场景游戏，再现了"桃花流水鳜鱼**肥**"的美景：桃花在水中**缓缓流动**，鳜鱼在水中相对**游动**，当两条鳜鱼相遇后，一起朝同一方向游去。

 乡村四月闲人少 （宋·翁卷《乡村四月》）

làng táo shā
浪淘沙

唐·刘禹锡

jiǔ qū huáng hé wàn lǐ shā
九曲黄河万里沙，

làng táo fēng bǒ zì tiān yá
浪淘风簸自天涯。

rú jīn zhí shàng yín hé qù
如今直上银河去，

tóng dào qiān niú zhī nǚ jiā
同到牵牛织女家。

注释：

簸：掀翻。

全诗大意

弯弯曲曲的黄河挟带着泥沙，风高浪急，仿佛从天而降。现在我们沿着黄河直上银河，去寻访牛郎织女的家。

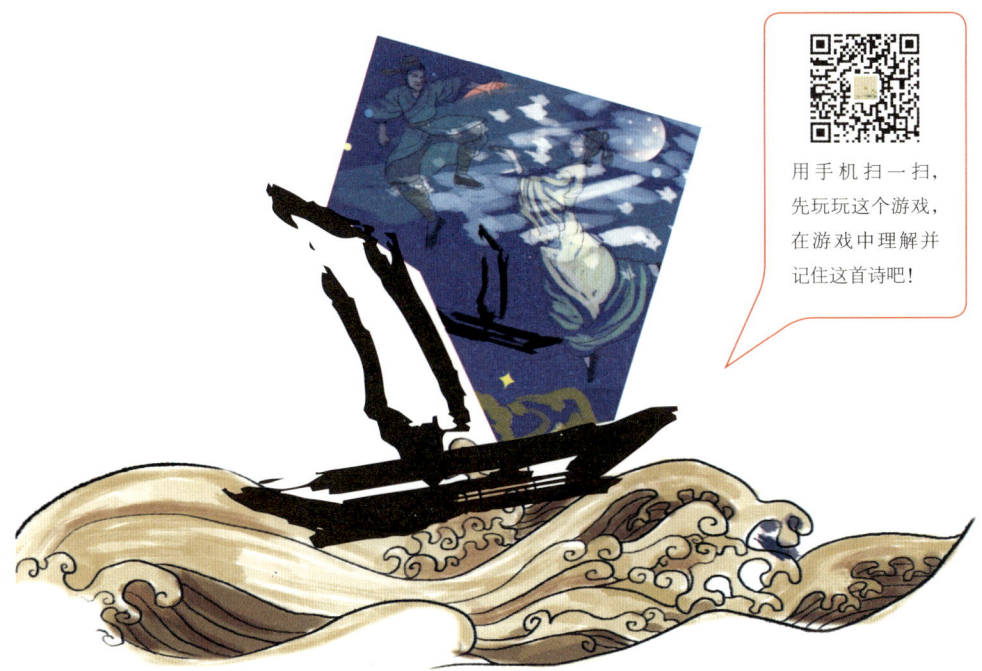

用手机扫一扫，先玩玩这个游戏，在游戏中理解并记住这首诗吧！

寻访牛郎织女的家

选取元素

船、牛郎、织女

游戏任务

黄河仿佛与天上的银河连接在一起了，小船载着诗人，沿着黄河直上银河，到达银河时，牛郎织女出现了，好像在对远道而来的诗人说："欢迎到我家来做客。"

 **湖光秋月两相和**（唐·刘禹锡《望洞庭》）

塞下曲 (sài xià qǔ)

唐·卢纶

月黑雁飞高，单于夜遁逃。
(yuè hēi yàn fēi gāo, chán yú yè dùn táo)

欲将轻骑逐，大雪满弓刀。
(yù jiāng qīng qí zhú, dà xuě mǎn gōng dāo)

注释：

遁：逃走。　逐：追赶。

全诗大意

没有月亮的夜里，一群大雁惊叫着高高飞起，单于的军队想趁着夜色逃走。将军要率领轻骑兵追杀，哪还管这漫天的大雪已落满弓和刀。

用手机扫一扫，
先玩玩这个游戏，
在游戏中理解并
记住这首诗吧！

编程游戏

射杀单于

选取元素

单于、弓箭

游戏任务

夜幕下，单于骑马逃遁，快弯弓射杀单于，体会一下当英雄的感觉吧！
射中了，会出现整首诗；没射中，游戏就结束了，需要从头再来哦！

 霜叶红于二月花（唐·杜牧《山行》）

池上

唐·白居易

小娃撑小艇，偷采白莲回。
不解藏踪迹，浮萍一道开。

注释：

解：懂得。

全诗大意

天真活泼的小孩子撑着小船，偷偷采了白莲回来。小孩不懂得怎样掩藏踪迹，小船荡开浮萍，留下了一条船儿划过的痕迹。

用手机扫一扫，先玩玩这个游戏，在游戏中理解并记住这首诗吧！

编程游戏

猜猜我在哪？

选取元素

小孩、荷叶

游戏任务

藏猫猫是小朋友特别喜欢的游戏。这个游戏就设计成了一个藏猫猫的游戏：池塘里有六片荷叶，只有三片是可以藏人的，一个小孩随机地藏在这三片荷叶下面。快猜猜看，小孩在哪一片荷叶下面？

 烟花三月下扬州（唐·李白《黄鹤楼送孟浩然之广陵》）

忆江南

唐·白居易

江南好，风景旧曾谙。

日出江花红胜火，

春来江水绿如蓝。

能不忆江南？

注释：

谙：熟悉。

全诗大意

江南的风景美好如画，如画的风景人们早已熟悉。太阳升起时，照得江边的花儿比火还要红，春天到来时，江水像蓝草般碧绿。谁能不追忆江南呢？

《忆江南》

唐·白居易

江南好，风景旧曾谙。

日出江花红胜火，

春来江水绿如蓝。

能不忆江南？

用手机扫一扫，先玩玩这个游戏，在游戏中理解并记住这首诗吧！

编程游戏

一个"江"字串首诗

选取元素

诗中的文字

游戏任务

不算诗名，这首诗中共有四个"江"字。游戏中，我们将诗句中的"江"都抽离出来，你能按原诗的顺序，将诗中的其他文字正确地摆放到这个"江"字的左边或右边吗？

 能开二月花（唐·李峤《风》）

寻隐者不遇
xún yǐn zhě bú yù

唐·贾岛

松下问童子，
sōng xià wèn tóng zǐ

言师采药去。
yán shī cǎi yào qù

只在此山中，
zhǐ zài cǐ shān zhōng

云深不知处。
yún shēn bù zhī chù

注释：

隐者：古代不肯做官而隐居山野之人。　言：回答。

全诗大意

我在苍松下问隐者的弟子，他的师父去哪儿了。他说，师父上这座山里采药去了。但是山高林密，云雾缭绕，不知道他具体在哪里。

52

用手机扫一扫，先玩玩这个游戏，在游戏中理解并记住这首诗吧！

编程游戏

找到采药的师父

选取元素

云雾、师父

游戏任务

师父在 山中采药，山中云雾 弥漫，师父啊师父，您在哪里？师父就在三片云雾中，移开云雾，你就能看见师父了。

日出江花红胜火（唐·白居易《忆江南》） 胜日寻芳泗水滨（宋·朱熹《春日》）

fēng
蜂

唐·罗隐

bú lùn píng dì yǔ shān jiān
不论平地与山尖，

wú xiàn fēng guāng jìn bèi zhàn
无限风光尽被占。

cǎi dé bǎi huā chéng mì hòu
采得百花成蜜后，

wèi shuí xīn kǔ wèi shuí tián
为谁辛苦为谁甜？

注释：

占：占其所有。　甜：醇香的蜂蜜。

全诗大意

无论是平地还是山峰，蜜蜂占领了百花盛开的无限风光。蜜蜂们采尽百花酿成蜂蜜，究竟是为谁辛苦？想让谁品尝甘甜呢？

用手机扫一扫，
先玩玩这个游戏，
在游戏中理解并
记住这首诗吧！

编程游戏

勤劳的小蜜蜂

选取元素

花、蜜蜂

游戏任务

四朵**盛开**的花朵，等待着小蜜蜂来**采集花蜜**。你点击哪朵花，蜜蜂就飞到哪朵花上去采蜜，不要贪心啊，每朵花只能采集一次，等四朵花都采集完，四句诗也就出现了，好像蜜蜂不是在采蜜，而是在**写诗**啊！

 迟日江山丽（唐·杜甫《绝句》迟日江山丽） **朝露待日晞**（汉·汉乐府《长歌行》）

六月二十七日望湖楼醉书 (其一)

宋·苏轼

黑云翻墨未遮山，
白雨跳珠乱入船。
卷地风来忽吹散，
望湖楼下水如天。

注释：

醉书：醉酒时写下的诗句。

全诗大意

顷刻间，乌云翻滚，像泼洒的墨汁，尚未遮住山头，暴雨就倾盆而下。雨点像跳动的珍珠，慌乱地跳入船中。狂风席地卷来，吹散了乌云。望湖楼下，水天一色，开阔明净。

水如天

乱入船

卷地   跳珠

楼下 黑云 翻墨 未遮山
____ ____ ____

白雨 ____ ____ ____

      ____ ____ ____

用手机扫一扫，先玩玩这个游戏，在游戏中理解并记住这首诗吧！

编程游戏

动手拼诗句

选取元素

诗句中的文字

游戏任务

这首诗是不是不太好记？没关系，来玩这个游戏吧，玩几遍就记住了。游戏中，将诗句拆成两个字和三个字的词组，你要按原诗把它们拼在一起。

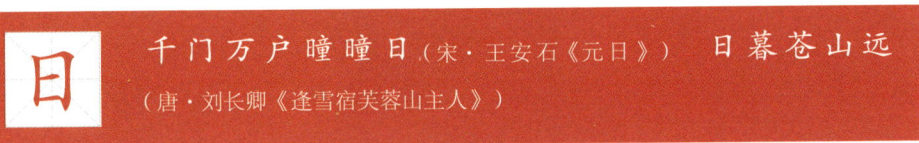

日   千门万户曈曈日（宋·王安石《元日》）   日暮苍山远
（唐·刘长卿《逢雪宿芙蓉山主人》）

huì chóng chūn jiāng xiǎo jǐng

惠崇春江晓景

宋·苏轼

zhú wài táo huā sān liǎng zhī
竹外桃花三两枝，

chūn jiāng shuǐ nuǎn yā xiān zhī
春江水暖鸭先知。

lóu hāo mǎn dì lú yá duǎn
蒌蒿满地芦芽短，

zhèng shì hé tún yù shàng shí
正是河豚欲上时。

注释：

河豚：鱼的一种。　上：逆江而上。

全诗大意

竹林外，桃花绽放，水中嬉戏的鸭子最先察觉了初春江水回暖。
河滩上，蒌蒿满地，芦笋发芽，河豚逆流而上洄游到江河里了。

春天来了

用手机扫一扫，先玩玩这个游戏，在游戏中理解并记住这首诗吧！

编程游戏

热心肠的鸭子

选取元素

鸭子、河豚

游戏任务

鸭子最先**察觉**春天来了，江水已经**回暖**了，**热心**的鸭子赶紧游啊游，游过去告诉河豚："春天来了！"河豚高兴地和小鸭子一起游玩起来！

 锄禾日当午（唐·李绅《悯农》其二）　日照香炉生紫烟（唐·李白《望庐山瀑布》）

| 玩游戏　学古诗 |

让我们来玩个游戏吧

玩游戏学古诗

中

李糖 编著

汪兆 编程

作家出版社

四时田园杂兴（其一）

sì shí tián yuán zá xìng

宋·范成大

昼出耘田夜绩麻，
zhòu chū yún tián yè jì má

村庄儿女各当家。
cūn zhuāng ér nǚ gè dāng jiā

童孙未解供耕织，
tóng sūn wèi jiě gòng gēng zhī

也傍桑阴学种瓜。
yě bàng sāng yīn xué zhòng guā

注释：

绩麻：把麻搓成线。　各当家：各自担当一份工作。

全诗大意

白天出门耕田种地，夜晚在家纺线织布，农家儿女各司其职，终日劳作。小孩子年幼不懂耕织，但也在桑田树荫下学习种瓜。

用手机扫一扫，先玩玩这个游戏，在游戏中理解并记住这首诗吧！

编程游戏

种庄稼

选取元素

种子、水、肥、禾苗

游戏任务

种庄稼少不了种子、水和肥，游戏中都给你准备好了，体验一下农夫的工作吧，播种、浇水、施肥……看着田里冒出的禾苗，是不是很高兴？

 王师北定中原日（宋·陆游《示儿》） 日长篱落无人过
（宋·范成大《四时田园杂兴》其二）

晓出净慈寺送林子方
xiǎo chū jìng cí sì sòng lín zǐ fāng

宋·杨万里

毕竟西湖六月中，
bì jìng xī hú liù yuè zhōng

风光不与四时同。
fēng guāng bù yǔ sì shí tóng

接天莲叶无穷碧，
jiē tiān lián yè wú qióng bì

映日荷花别样红。
yìng rì hé huā bié yàng hóng

注释：

毕竟：到底。

全诗大意

六月里西湖的风景，到底和其他季节不同：荷叶铺展开来，与蓝天相接，真是一望无际的碧绿啊；盛开的荷花在阳光辉映下，格外地鲜艳娇红。

用手机扫一扫,
先玩玩这个游戏,
在游戏中理解并
记住这首诗吧!

编程游戏

点击池塘种荷花

选取元素

池塘、荷叶、荷花

游戏任务

游戏中的池塘里,荷叶和荷花太少了,快点击池塘种上一些吧,这样才有诗中描绘的**美景**:接天莲叶**无穷碧**,映日荷花**别样红**。

 映日荷花别样红(宋·杨万里《晓出净慈寺送林子方》) 白日依山尽(唐·王之涣《登鹳雀楼》)

乡村四月

宋·翁卷

绿遍山原白满川，
子规声里雨如烟。
乡村四月闲人少，
才了蚕桑又插田。

注释：

山原：山地和平原。　子规：鸟名，杜鹃鸟。

全诗大意

山坡与田野，草木葱翠；水色与天光，交相辉映；杜鹃鸟的啼鸣，从烟雨蒙蒙中传来。四月的乡村里，没有闲暇的人，刚刚忙完种桑养蚕又要插秧了。

田　　　　雨
　　绿　　白
四

□遍山原□满川，
子规声里□如烟。
乡村□月闲人少，
才了蚕桑又插□。

用手机扫一扫，先玩玩这个游戏，在游戏中理解并记住这首诗吧！

编程游戏

迷路的字符

选取元素

诗句中的文字

游戏任务

这首美妙的诗，因为**走失**了五个关键的字，变得**残缺不全**，快把它们找回家！

 梅子黄时日日晴（宋·曾几《三衢道中》）

墨梅

元·王冕

吾家洗砚池头树，
朵朵花开淡墨痕。
不要人夸好颜色，
只留清气满乾坤。

注释：

墨梅：用水墨画出来的梅花。　　乾坤：天地，人间。

全诗大意

我家洗砚池边有一棵梅树，朵朵梅花开放显现出淡淡的墨痕。它不需要人们夸奖它的颜色美丽，只愿意散发出清香，弥漫在这天地之间。

用手机扫一扫，先玩玩这个游戏，在游戏中理解并记住这首诗吧！

编程游戏

灯下赏梅

选取元素

画、灯

游戏任务

诗人赏梅，是在自家庭院中的梅树下。我们的游戏中欣赏的也是梅花，只是我们欣赏的梅花是画在纸上的梅花。为了看得更清楚，别忘了在欣赏之前，先把灯点亮！

 千里黄云白日曛 (唐·高适《别董大》)

suǒ jiàn
所见　清·袁枚

mù tóng qí huáng niú　　gē shēng zhèn lín yuè
牧童骑黄牛，歌声振林樾。
yì yù bǔ míng chán　　hū rán bì kǒu lì
意欲捕鸣蝉，忽然闭口立。

注释：

樾：树荫。

全诗大意

> 牧童骑在黄牛上，悠扬的歌声在林间回荡。忽然歌声停止了，他屏住呼吸，闭上嘴巴，站在树下，原来是想要捕捉树上鸣叫的知了。

用手机扫一扫，先玩玩这个游戏，在游戏中理解并记住这首诗吧！

编程游戏

用音符射击！

选取元素

牧童、知了、音符

游戏任务

这是个**有趣**的射击游戏，只是射出的**不是子弹**，而是音符。游戏中，牧童想捕捉知了，知了用自己的音符射击左右快速移动的牧童，射中牧童时，弹出这首诗。

孤帆一片日边来（唐·李白《望天门山》）

xiāng sī
相思

唐 · 王维

hóng dòu shēng nán guó　　chūn lái fā jǐ zhī
红豆生南国，春来发几枝。
yuàn jūn duō cǎi xié　　cǐ wù zuì xiāng sī
愿君多采撷，此物最相思。

注释：

采撷：采摘。

全诗大意

晶莹闪亮的红豆生长在南方；春天来了，它会长出几个新枝呢？
多多采摘一点吧，它最能唤起人们的思念之情！

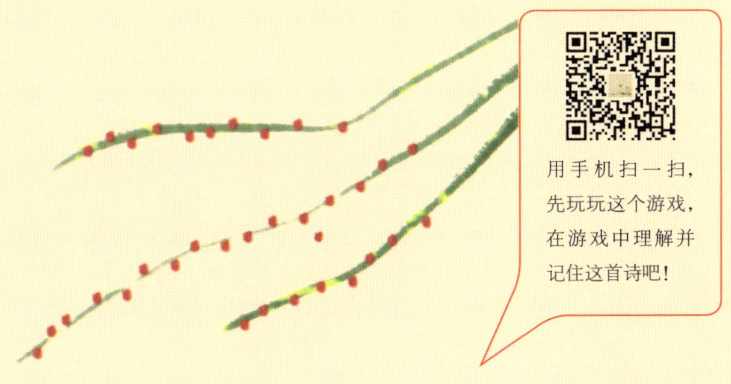

用手机扫一扫，
先玩玩这个游戏，
在游戏中理解并
记住这首诗吧！

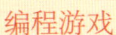

编程游戏

接红豆

选取元素

红豆树、红豆、碗

游戏任务

诗人在诗中叫人们**多多采摘红豆**，我们设计了一个接红豆的游戏：红豆树上的红豆不断地往下掉，你要移动下面的碗去接住，接满五颗就算成功。

 千里江陵一日还（唐·李白《早发白帝城》）

江上渔者

宋·范仲淹

江上往来人，但爱鲈鱼美。
君看一叶舟，出没风波里。

注释：

但：只。 没：隐没。

全诗大意

江面上来往的行人，只知道鲈鱼的鲜美。他们哪里知道，渔夫驾驶着小舟，在大风大浪里奔波劳作的艰辛。

用手机扫一扫，先玩玩这个游戏，在游戏中理解并记住这首诗吧！

编程游戏

钓鲈鱼

选取元素

鱼、鱼钩

游戏任务

水中有好几种鱼，但鲈鱼味道最为鲜美。快把水中的三条鲈鱼找出来，点击一下，就表示你已经把鱼钓起来了。在游戏中钓鱼很简单，要知道渔夫捕鱼可是要付出艰辛的劳动的。

等闲识得东风面（宋·朱熹《春日》） 春风花草香（唐·杜甫《绝句》迟日江山丽） 春风送暖入屠苏（宋·王安石《元日》）

绝句 (jué jù)

唐·杜甫

两个黄鹂鸣翠柳，(liǎng gè huáng lí míng cuì liǔ)
一行白鹭上青天。(yì háng bái lù shàng qīng tiān)
窗含西岭千秋雪，(chuāng hán xī lǐng qiān qiū xuě)
门泊东吴万里船。(mén bó dōng wú wàn lǐ chuán)

注释：

西岭：指位于成都西南的岷山。因山上积雪常年不化，所以诗中称为"千秋雪"。

全诗大意

两只黄鹂在翠绿的柳枝上唱着歌，一行白鹭在天空中自由飞翔。窗口可以看见西岭上常年不化的积雪，门口停泊着不远万里而来的东吴商船。

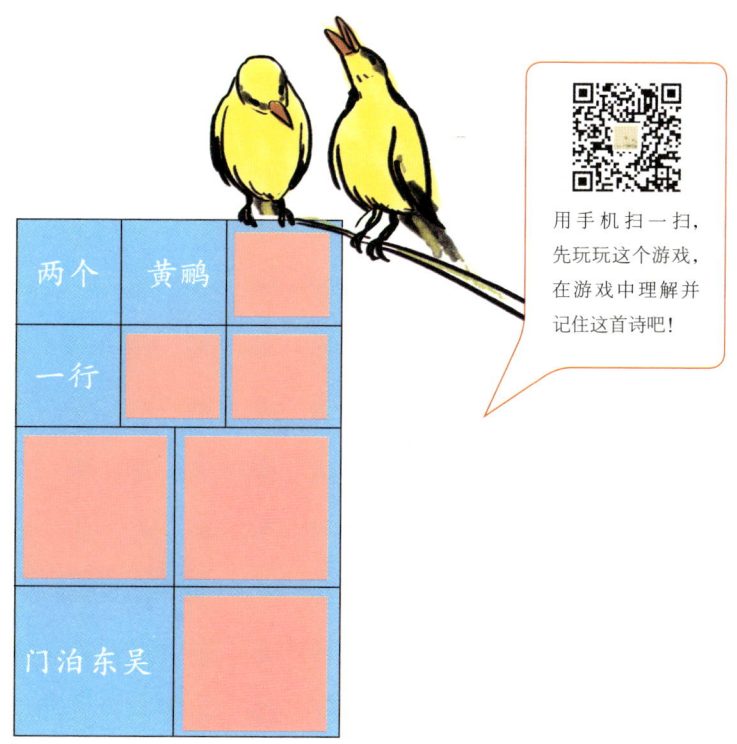

用手机扫一扫，先玩玩这个游戏，在游戏中理解并记住这首诗吧!

编程游戏

诗句拼接

选取元素

诗中的文字

游戏任务

这个游戏要考验你的**快速记忆能力**哦。游戏将诗句中的文字，分别设计成无序摆放的两个字、三个字、四个字卡片，你可以在**二十秒内**快速点击**翻看**一下，然后凭记忆按诗句本来的顺序，重新摆放正确。

忙趁东风放纸鸢（清·高鼎《村居》） 随风潜入夜（唐·杜甫《春夜喜雨》） 夜来风雨声（唐·孟浩然《春晓》）

春夜喜雨

唐·杜甫

好雨知时节，当春乃发生。
随风潜入夜，润物细无声。
野径云俱黑，江船火独明。
晓看红湿处，花重锦官城。

注释：

潜：悄悄地。　花重：指花沾了雨水后显得沉重的样子。
锦官城：今成都市南。

全诗大意

好雨知道何时该下雨，当春天万物萌发的时候，它会伴着春风在夜里悄悄地来，无声地滋润着万物。雨夜走在田间小路上，黑茫茫的，路也看不清，只有江船上的灯火是明亮的。到了清晨，看那雨水湿润的花丛，娇艳欲滴，仿佛整个锦官城都变成了花的海洋。

春雨姑娘，你是杜甫派来的救兵吗？

用手机扫一扫，先玩玩这个游戏，在游戏中理解并记住这首诗吧！

编程游戏

你是杜甫派来的救兵吗？

选取元素

春雨、柳树

游戏任务

开春了，柳树萌发，急需春雨的滋润。游戏用拟人的手法设计了春雨和柳树的一段有趣的对话。光秃秃的柳树说："好渴啊！"春雨蓄势待发，说道："柳阿姨，别着急，我来了！"枯柳得到春雨的滋润，冒出新芽，披上绿装，感激地说："春雨姑娘，你是杜甫派来的救兵吗？"

 二月春风似剪刀（唐·贺知章《咏柳》） 春风吹又生（唐·白居易《赋得古原草送别》）

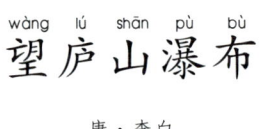

望庐山瀑布
wàng lú shān pù bù

唐·李白

日照香炉生紫烟，
rì zhào xiāng lú shēng zǐ yān

遥看瀑布挂前川。
yáo kàn pù bù guà qián chuān

飞流直下三千尺，
fēi liú zhí xià sān qiān chǐ

疑是银河落九天。
yí shì yín hé luò jiǔ tiān

注释：

香炉：指庐山香炉峰。　遥看：远看。

全诗大意

阳光照射下的香炉峰升腾起紫色的烟雾，远远地看去，瀑布就像挂在山前，从高高的山崖上飞流而下，好像有几千尺，恍惚间以为是银河泻落人间。

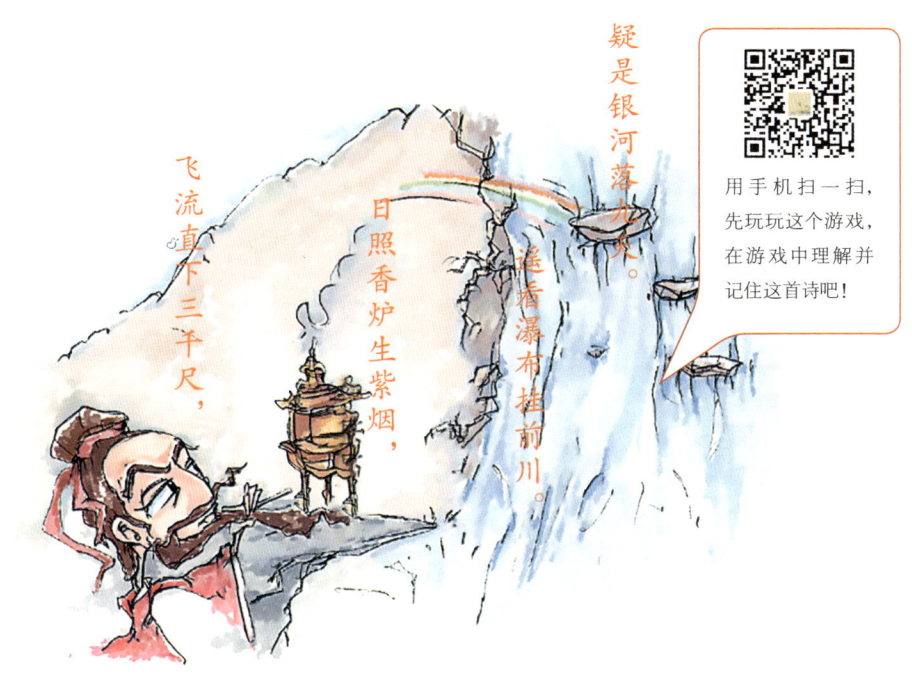

疑是银河落九天。

飞流直下三千尺，

日照香炉生紫烟，

遥看瀑布挂前川。

用手机扫一扫，先玩玩这个游戏，在游戏中理解并记住这首诗吧！

编程游戏

诗瀑

选取元素

四个诗句

游戏任务

这首诗中的"瀑布"给了我们设计游戏的灵感，游戏中，我们让四个诗句无序地从天而降，形成一道美丽的诗瀑，此时，要求玩家凭着对诗词的记忆，快速反应，按顺序点击四个诗句。

风雪夜归人 (唐·刘长卿《逢雪宿芙蓉山主人》)　风光不与四时同 (宋·杨万里《晓出净慈寺送林子方》)

九月九日忆山东兄弟

唐·王维

独在异乡为异客，每逢佳节倍思亲。

遥知兄弟登高处，遍插茱萸少一人。

注释：

九月九日：重阳节，古时民间有登高、赏菊、插茱萸祛邪等习俗。

茱萸：一种植物，据说重阳节佩插茱萸可祛邪。

全诗大意

独自漂泊在外，作客他乡，每逢佳节就愈发思念远方的亲人。今日重阳节，遥想兄弟们又在登高，他们佩插茱萸时，唯独少了我一人。

用手机扫一扫，先玩玩这个游戏，在游戏中理解并记住这首诗吧！

找一找哪个是茱萸？

编程游戏

找一找哪个是茱萸？

选取元素

枸杞、茱萸、圣女果、草莓

游戏任务

茱萸在我们生活中难得一见，我们将茱萸和有些相似的枸杞、圣女果、草莓的图片放在一起，快来辨识一下，哪个才是诗中提到的那个茱萸吧！如果真的从来没见过茱萸，你也可以用排除法来做出正确的选择。

风 九州生气恃风雷（清·龚自珍《己亥杂诗》）   浪淘风簸自天涯（唐·刘禹锡《浪淘沙》）

鹿柴 lù zhài

唐·王维

空山不见人，但闻人语响。
kōng shān bú jiàn rén　dàn wén rén yǔ xiǎng

返景入深林，复照青苔上。
fǎn yǐng rù shēn lín　fù zhào qīng tái shàng

注释：

柴（zhài）：通"寨"，用木材围成的栅栏。　闻：听见。

返景：同"返影"，即返照。

全诗大意

山中空空荡荡的看不见人影，只听得到喧哗的人语声。夕阳的余晖射入深林中，返照在阴湿处的青苔上。

用手机扫一扫，先玩玩这个游戏，在游戏中理解并记住这首诗吧！

复照青苔上

返景入深林

空山不见人

但闻人语响

编程游戏

用诗做路标

选取元素

四个诗句、虚拟诗人

游戏任务

远处是一座**童话城堡**，虚拟诗人从屏幕下方开始走向城堡，沿途暗藏着用四句诗做成的路标，当虚拟诗人走到相应的位置时，先后出现四句诗。这真是一个充满**诗情画意的旅程**啊！

 风 斜风细雨不须归（唐·张志和《渔歌子》） 风吹草低见牛羊（北朝民歌《敕勒歌》）

长歌行
<small>cháng gē xíng</small>

汉·汉乐府

青青园中葵，朝露待日晞。
<small>qīng qīng yuán zhōng kuí　　zhāo lù dài rì xī</small>

阳春布德泽，万物生光辉。
<small>yáng chūn bù dé zé　　wàn wù shēng guāng huī</small>

常恐秋节至，焜黄华叶衰。
<small>cháng kǒng qiū jié zhì　　kūn huáng huá yè cuī</small>

百川东到海，何时复西归？
<small>bǎi chuān dōng dào hǎi　　hé shí fù xī guī</small>

少壮不努力，老大徒伤悲！
<small>shào zhuàng bù nǔ lì　　lǎo dà tú shāng bēi</small>

注释：

晞：晒干。　　布：给予。

全诗大意

清晨，园中的葵菜青翠欲滴，朝露在阳光下一点一点地蒸发。春天把希望给予大地，万物都生机勃勃。经常担心肃杀的秋天到来，花和叶都会衰败。无数的大河向东奔流到海，何时能够向西流回来？年少时不努力，到年老时只能追悔莫及了。

何时复西归

少壮不努力

青青园中葵

阳春布德泽

朝露待日晞

老大徒伤悲

万物生光辉

焜黄华叶衰

百川东到海

常恐秋节至

用手机扫一扫，
先玩玩这个游戏，
在游戏中理解并
记住这首诗吧！

编程游戏

飘动的诗句

选取元素

十个诗句

游戏任务

这首诗是不是有点长？我们记忆时经常**颠三倒四**，这个游戏就是为了解决
这个难题的。游戏中，十个诗句像**幽灵**一样**无序地飘动**着，小朋友要按
原诗的先后顺序去点击这十个诗句，准确无误时，会弹出整首诗，再强化温习
一下。

 水村山郭酒旗风（唐·杜牧《江南春》）　潭面无风镜未磨
（唐·刘禹锡《望洞庭》）

huí xiāng ǒu shū
回乡偶书

唐 · 贺知章

shào xiǎo lí jiā lǎo dà huí
少小离家老大回，
xiāng yīn wú gǎi bìn máo cuī
乡音无改鬓毛衰。
ér tóng xiāng jiàn bù xiāng shí
儿童相见不相识，
xiào wèn kè cóng hé chù lái
笑问客从何处来。

注释：

鬓毛：角鬓的头发。　衰（cuī）：疏落。

全诗大意

少年时离开家乡，到老了才回来。乡音虽然没变，但鬓角的头发已越来越少。家乡的孩子们看见了，没有一个人认识我，他们笑着问我从哪里来的？

用手机扫一扫，
先玩玩这个游戏，
在游戏中理解并
记住这首诗吧！

您是谁？从哪里来？

跨越千年的对话

选取元素

诗人、儿童

游戏任务

诗人**年老回乡**，村里的儿童见了，当然认不出来，他们相见时，一定会有一个对话。游戏中，我们设计了一个对话的情节，**跨越千年**，重现这个诗中没有具体描述的场景。

 无限风光尽被占（唐·罗隐《蜂》） 任尔东西南北风
（清·郑燮《竹石》）

风

fēng

唐·李峤

jiě luò sān qiū yè　　néng kāi èr yuè huā
解落三秋叶，能开二月花。
guò jiāng qiān chǐ làng　　rù zhú wàn gān xiá
过江千尺浪，入竹万竿斜。

注释：

三秋：晚秋。　二月：早春。

全诗大意

我能让晚秋的树叶脱落，我能催开早春的花儿，我经过江河能掀起千尺巨浪，我进入竹林能让千万根的竹子歪歪斜斜。猜猜看，我是谁？

用手机扫一扫，先玩玩这个游戏，在游戏中理解并记住这首诗吧！

编程游戏

猜猜我是谁？

选取元素

三秋叶、二月花、千尺浪、万竿斜

游戏任务

这首诗是个**谜语诗**，游戏按照诗的原意设计，设置了四个场景：三秋叶、二月花、千尺浪、万竿斜，还有一个虚拟人物。这个虚拟人物象征性地穿过四个场景，感受一下**原诗的意境**。聪明的小朋友，猜猜看，这个小精灵是**风**？是**雨**？还是**小精灵**？如果猜对了，就说明你理解了这首诗在讲什么了。

风   暖风熏得游人醉（宋·林升《题临安邸》）   北风吹雁雪纷纷（唐·高适《别董大》）

chūn xiǎo
春晓

唐·孟浩然

chūn mián bù jué xiǎo   chù chù wén tí niǎo
春眠不觉晓，处处闻啼鸟。
yè lái fēng yǔ shēng   huā luò zhī duō shǎo
夜来风雨声，花落知多少。

注释：

晓：拂晓。　闻：听闻。

全诗大意

春意绵绵好睡觉，不知不觉就已拂晓，到处都可以听到鸟儿的叫声。夜里迷迷糊糊，似乎有沙沙的风雨声，不知道又有多少花儿被吹落。

眠

晓

不

觉

春

用手机扫一扫，先玩玩这个游戏，在游戏中理解并记住这首诗吧！

编程游戏

抛砖引玉

选取元素

春、眠、不、觉、晓

游戏任务

四句诗共有二十个字，游戏中，我们只要求玩家在画面中的横线上，按顺序拖入"春""眠""不""觉""晓"五个字，每个字拖入正确，就会变成绿色，全部正确拖入后，画面会将整首诗完整地呈现给你。是不是有点抛砖引玉的感觉？

 卷地风来忽吹散（宋·苏轼《六月二十七日望湖楼醉书》其一） 出没风波里（宋·范仲淹《江上渔者》）

咏柳
_{yǒng liǔ}

唐·贺知章

碧玉妆成一树高，
_{bì yù zhuāng chéng yí shù gāo}

万条垂下绿丝绦。
_{wàn tiáo chuí xià lù sī tāo}

不知细叶谁裁出，
_{bù zhī xì yè shuí cái chū}

二月春风似剪刀。
_{èr yuè chūn fēng sì jiǎn dāo}

注释：

碧玉：指柳叶绿的像翠绿色的玉石。 　**绦**：指像丝带一样的柳条。

全诗大意

柳树像是用翠绿色的玉石装扮起来的美人，万千条柳枝倒垂，好
像用绿色丝线编成的美人的裙带，十分好看。不知道这些细细的
叶子是哪个能工巧匠剪裁出来的，二月的春风就像剪刀。

用手机扫一扫，
先玩玩这个游戏，
在游戏中理解并
记住这首诗吧！

编程游戏

春风吹出柳枝条？

选取元素

春风、柳树、柳枝

游戏任务

为了表达诗中意境，我们这样设计这个游戏任务：画面上有三个主要的角色，一个叫春风，一个叫柳树，一个叫柳枝。在优美的音乐伴奏下，点击一次春风，一根柳枝从画面左侧飘到柳树上，如此四次，也就给柳树安上四根漂亮的柳枝了。

 草长莺飞二月天（清·高鼎《村居》） 天街小雨润如酥
（唐·韩愈《早春呈水部张十八员外》）

出塞
<small>chū sài</small>

唐·王昌龄

<small>qín shí míng yuè hàn shí guān   wàn lǐ cháng zhēng rén wèi huán</small>
秦时明月汉时关，万里长征人未还。

<small>dàn shǐ lóng chéng fēi jiàng zài   bú jiào hú mǎ dù yīn shān</small>
但使龙城飞将在，不教胡马度阴山。

注释：

但使：只要。　不教：不让。

全诗大意

依然是秦时的明月汉时的边关，不禁让我想起无数征战的将士，战死在边疆没能回来。只要有像卫青、李广这样的将军戍守边关，就一定不会让胡人的骑兵越过阴山。

用手机扫一扫，先玩玩这个游戏，在游戏中理解并记住这首诗吧！

马

李广射胡马

选取元素

李广、箭及胡、马二字

游戏任务

这是一个射击游戏，只是我们射击的是"胡""马"二字。"李、广、射、胡、马"五个字从屏幕上方向下**掉落**，当"胡""马"二字出现时，弓上的箭会自动开始射击。

 天　月落乌啼霜满天（唐·张继《枫桥夜泊》）　天寒白屋贫（唐·刘长卿《逢雪宿芙蓉山主人》）

悯农 <small>mǐn nóng</small> （其二）

唐·李绅

锄禾日当午， <small>chú hé rì dāng wǔ</small> 汗滴禾下土。 <small>hàn dī hé xià tǔ</small>

谁知盘中餐， <small>shuí zhī pán zhōng cān</small> 粒粒皆辛苦？ <small>lì lì jiē xīn kǔ</small>

注释：

悯：怜悯。

全诗大意

农夫在正午的烈日暴晒下锄草，汗珠滴在长着庄稼的土地上。有谁知道盘中的饭食，每一粒都是农民辛苦劳动换来的啊。

用手机扫一扫，先玩玩这个游戏，在游戏中理解并记住这首诗吧！

现在开始

编程游戏

接住掉落的饭粒

选取元素

饭粒、汗滴、饭碗

游戏任务

游戏将饭粒和汗滴放在一起，是为了提醒小朋友，**每一粒粮食都来之不易**，就像诗里所说的那样。游戏中，饭粒和汗滴随机地往下掉落，玩家要用下面的饭碗去接饭粒，如果不小心碰到汗滴了，游戏就失败了哦。

 疑是银河落九天（唐·李白《望庐山瀑布》） 接天莲叶无穷碧（宋·杨万里《晓出净慈寺送林子方》）

早发白帝城
zǎo fā bái dì chéng

唐·李白

朝辞白帝彩云间，
zhāo cí bái dì cǎi yún jiān

千里江陵一日还。
qiān lǐ jiāng líng yí rì huán

两岸猿声啼不住，
liǎng àn yuán shēng tí bú zhù

轻舟已过万重山。
qīng zhōu yǐ guò wàn chóng shān

注释：

辞：告别。　住：停。

全诗大意

清晨，我告别彩云映照的白帝城，一天的时间，我就回到千里之外的江陵。沿途两岸的高山上，猿猴的啼叫声此起彼伏，还在耳边萦绕，不知不觉间，轻快的小舟已驶过崇山峻岭。

用手机扫一扫，先玩玩这个游戏，在游戏中理解并记住这首诗吧！

编程游戏

十秒驶过万重山

选取元素

船、山

游戏任务

一叶轻舟行驶在滚滚江水之中，为了体现诗中讲到的快速，我们要求玩家拖动小船，在十秒之内到达用色块设定的终点。拖动的时候，不要碰到两边的崇山峻岭哦，否则，游戏就算失败了。

 我劝天公重抖擞（清·龚自珍《己亥杂诗》）　浪淘风簸自天涯（唐·刘禹锡《浪淘沙》）

wàng tiān mén shān
望天门山

唐·李白

tiān mén zhōng duàn chǔ jiāng kāi　　bì shuǐ dōng liú zhì cǐ huí
天门中断楚江开，碧水东流至此回。

liǎng àn qīng shān xiāng duì chū　　gū fān yí piàn rì biān lái
两岸青山相对出，孤帆一片日边来。

注释：

回：改变方向。　楚江：这里指长江中游湖北宜昌到安徽芜湖段，古时属楚国，所以叫楚江。

全诗大意

天门山被长江一分为二，分为西梁山和东梁山，碧绿的江水浩浩荡荡向东流去，到这里改变了方向。两岸的青山隔江对峙，只见水天相连之处驶来一只小船。

用手机扫一扫，先玩玩这个游戏，在游戏中理解并记住这首诗吧！

编程游戏

孤帆一片日边来

选取元素

诗人、小船、太阳

游戏任务

根据诗境设计的场景游戏：诗人**极目远眺**，一片孤帆从远处的日边**缓缓驶来**。此情此景，直观地解读了"孤帆一片日边来"的意境。

 天似穹庐，笼盖四野（北朝民歌《敕勒歌》） 天苍苍，野茫茫（北朝民歌《敕勒歌》）

别董大
bié dǒng dà

唐·高适

千里黄云白日曛，北风吹雁雪纷纷。
qiān lǐ huáng yún bái rì xūn，běi fēng chuī yàn xuě fēn fēn

莫愁前路无知己，天下谁人不识君。
mò chóu qián lù wú zhī jǐ，tiān xià shuí rén bù shí jūn

注释：

董大：唐朝著名的琴客董庭兰。在兄弟中排行第一，故称"董大"。　曛：昏暗。

全诗大意

漫漫黄沙遮天蔽日，到处都是一片昏暗。北风呼啸，雁声凄凄，大雪纷纷扬扬地飘落。此去你不要担心遇不到知己，天下有谁不知道你董庭兰啊！

用手机扫一扫，
先玩玩这个游戏，
在游戏中理解并
记住这首诗吧！

■黄云白日曛，
北风吹雁雪纷纷。
莫愁前路无知己，
天下谁人不识君。

编程游戏

旧诗换新颜

选取元素

诗中的文字

游戏任务

有些诗改得更简洁一些，读起来别有韵味。这个游戏就是让玩家把每句诗去掉两个字，变成一首五言诗。想想看，在尽量不改变原诗本义的情况下，怎样取舍呢？

天 曲项向天歌（唐·骆宾王《咏鹅》） 天光云影共徘徊
（宋·朱熹《观书有感》）

jiāng pàn dú bù xún huā

江畔独步寻花

唐·杜甫

huáng shī tǎ qián jiāng shuǐ dōng
黄师塔前江水东，

chūn guāng lǎn kùn yǐ wēi fēng
春光懒困倚微风。

táo huā yí cù kāi wú zhǔ
桃花一簇开无主，

kě ài shēn hóng ài qiǎn hóng
可爱深红爱浅红。

注释：

懒困：疲倦困怠。

全诗大意

独自来到黄师塔前江水的东岸，春光晒得人懒洋洋的，想倚着春风小憩。江畔盛开着一簇无主的桃花，该爱深红色的还是浅红色的呢？

用手机扫一扫，先玩玩这个游戏，在游戏中理解并记住这首诗吧！

编程游戏

可爱深红爱浅红

选取元素

深红色桃花、浅红色桃花

游戏任务

用深红色桃花和浅红色桃花两个元素，设计了一个**变色游戏**，用以表达诗中那句**"可爱深红爱浅红"**。看似简单的一个游戏，要用编程办法实现它，也需要动动脑筋啊！

天下谁人不识君（唐·高适《别董大》） 一行白鹭上青天
（唐·杜甫《绝句》两个黄鹂鸣翠柳）

yóu zǐ yín
游子吟

唐·孟郊

cí mǔ shǒu zhōng xiàn　　yóu zǐ shēn shàng yī
慈母手中线，游子身上衣。
lín xíng mì mì féng　　yì kǒng chí chí guī
临行密密缝，意恐迟迟归。
shuí yán cùn cǎo xīn　　bào dé sān chūn huī
谁言寸草心，报得三春晖。

注释：

游子：出门远行的人。　　晖：阳光，这里指母爱。

全诗大意

慈母用手里的针线，为远行的儿子缝制衣服。临行前一针一线缝得密密实实，就怕儿子难得回家，衣服破损无人缝补。又有谁能说，子女像小草一样细微的孝心，能报答像阳光一样温暖的母爱呢？

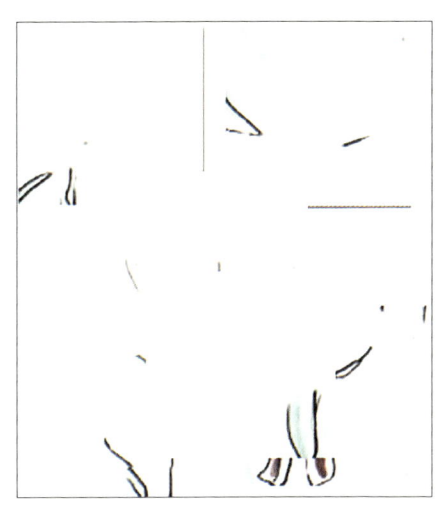

用手机扫一扫，先玩玩这个游戏，在游戏中理解并记住这首诗吧！

编程游戏

拼出游子身上衣

选取元素

衣服碎片

游戏任务

这是一个拼图游戏。游戏中有几块衣服的碎片，参考游戏中的人物服装，将这些碎片拼接起来。用这个游戏，体会一下"游子身上衣"和"临行密密缝"两句诗的韵味吧！

 望湖楼下水如天（宋·苏轼《六月二十七日望湖楼醉书》其一）

山行
shān xíng

唐·杜牧

远上寒山石径斜，白云生处有人家。
yuǎn shàng hán shān shí jìng xiá　bái yún shēng chù yǒu rén jiā

停车坐爱枫林晚，霜叶红于二月花。
tíng chē zuò ài fēng lín wǎn　shuāng yè hóng yú èr yuè huā

注释：

坐：因为。　红于：比……红。

全诗大意

一条石子铺成的小路，蜿蜒向上，在白云缭绕的地方竟然还有人家。停下车，是因为想欣赏这枫林的美景，那霜后的枫叶比江南二月的花还要红。

《山行》
唐·杜牧

远上寒山石径斜，
白云生处有人家。
停车坐爱枫林晚，
霜叶红于二月花。

用手机扫一扫，
先玩玩这个游戏，
在游戏中理解并
记住这首诗吧！

编程游戏

大雾散去见红叶

选取元素

雾、红叶

游戏任务

满山红叶被**笼罩**在一片浓雾之中，是不是很想看到**红叶美景**？那就快点击屏幕吧！每点击一次，浓雾就会消散一些，直至画面完全清晰。这时，会出现这首**脍炙人口**的诗。

 惟见长江天际流（唐·李白《黄鹤楼送孟浩然之广陵》）

清明

唐·杜牧

清明时节雨纷纷，路上行人欲断魂。
借问酒家何处有？牧童遥指杏花村。

注释：

遥指：指向远处。

全诗大意

清明节，天上飘着纷纷细雨，路上的行人都像失魂落魄一般。问问酒家在哪里，牧童指向远处的杏花村。

用手机扫一扫，
先玩玩这个游戏，
在游戏中理解并
记住这首诗吧!

编程游戏

猜猜哪个是杏花?

选取元素

杏花、桃花

游戏任务

不留意观察杏花和桃花，一般还真是**分辨不清**! 你能分辨出来吗? 这个游戏就是让你在对比杏花和桃花后，分辨出哪个是杏花。

 天门中断楚江开 (唐·李白《望天门山》)

早春呈水部张十八员外
zǎo chūn chéng shuǐ bù zhāng shí bā yuán wài

唐·韩愈

天街小雨润如酥，
tiān jiē xiǎo yǔ rùn rú sū

草色遥看近却无。
cǎo sè yáo kān jìn què wú

最是一年春好处，
zuì shì yì nián chūn hǎo chù

绝胜烟柳满皇都。
jué shèng yān liǔ mǎn huáng dū

注释：

天街：京城的街道。　绝胜：远胜过。

全诗大意

小雨像酥油一样细密、滋润，飘落在京城的街道上。远远望去，草色连成一片，走近看时，却显得很稀疏。这正是一年中春天最美的时节，远胜过绿柳满城的暮春。

用手机扫一扫，先玩玩这个游戏，在游戏中理解并记住这首诗吧！

编程游戏

草色遥看近却无

选取元素

诗人、青草

游戏任务

"草色遥看近却无"是这首诗中比较难理解的一句，这是因为距离远近产生的视觉差。这个游戏就是简略模拟因距离不同诗人看到的景色也不同的现象。

钟山只隔数重山（宋·王安石《泊船瓜洲》）　夜静春山空（唐·王维《鸟鸣涧》）　月出惊山鸟（唐·王维《鸟鸣涧》）　迟日江山丽（唐·杜甫《绝句》迟日江山丽）

望洞庭
wàng dòng tíng

唐·刘禹锡

湖光秋月两相和，潭面无风镜未磨。
hú guāng qiū yuè liǎng xiàng hé，tán miàn wú fēng jìng wèi mó

遥望洞庭山水翠，白银盘里一青螺。
yáo wàng dòng tíng shān shuǐ cuì，bái yín pán lǐ yì qīng luó

注释：

潭面：湖面。　青螺：青色的田螺，这里指洞庭湖里的君山。

全诗大意

洞庭湖的水色和秋夜的月色交相辉映，分外和谐。无风的湖面，平静得就像没有打磨过的铜镜。远看洞庭湖里苍翠的君山，就像白银盘里的一枚青螺。

用手机扫一扫,先玩玩这个游戏,在游戏中理解并记住这首诗吧!

编程游戏

白银盘里一青螺

选取元素

洞庭湖、君山

游戏任务

游戏的画面上,简洁地勾勒出"白银盘里一青螺"的美妙景色,为了增加游戏感,我们让洞庭湖水和君山相对旋转,寓意"交相辉映"。

姑苏城外寒山寺(唐·张继《枫桥夜泊》) 不教胡马度阴山(唐·王昌龄《出塞》) 日暮苍山远(唐·刘长卿《逢雪宿芙蓉山主人》)

| 玩游戏　学古诗 |

让我们来玩个游戏吧

玩游戏学古诗

下

李糖 编著

汪兆程 编程

作家出版社

枫桥夜泊

_{fēng qiáo yè bó}

唐 · 张继

月落乌啼霜满天，
_{yuè luò wū tí shuāng mǎn tiān}

江枫渔火对愁眠。
_{jiāng fēng yú huǒ duì chóu mián}

姑苏城外寒山寺，
_{gū sū chéng wài hán shān sì}

夜半钟声到客船。
_{yè bàn zhōng shēng dào kè chuán}

注释：

江枫：江边的枫树。

全诗大意

月落下，乌鸦啼，秋霜满天。江边枫树，渔火点点，愁绪升起难入眠。姑苏城外寒山寺，半夜敲响的钟声，传到了客船上。

枫桥夜泊

月落乌啼霜满天，
江枫渔火对愁眠。
姑苏城外寒山寺，
夜半钟声到客船。

用手机扫一扫，先玩玩这个游戏，在游戏中理解并记住这首诗吧！

编程游戏

一点渔火一句诗

选取元素

诗句、渔火、秋霜

游戏任务

秋霜浓重，将诗人的诗句都**笼罩**起来了。快快点起渔火，把藏在秋霜里的诗句找出来吧。游戏中，共有五点渔火，点一下屏幕，会陆续出现诗名和四个诗句。诗句全部出现了，秋霜也就散去了。

绿遍山原白满川（宋·翁卷《乡村四月》） 西塞山前白鹭飞（唐·张志和《渔歌子》） 敕勒川，阴山下（北朝民歌《敕勒歌》）

滁州西涧
chú zhōu xī jiàn

唐·韦应物

独怜幽草涧边生，
dú lián yōu cǎo jiàn biān shēng

上有黄鹂深树鸣。
shàng yǒu huáng lí shēn shù míng

春潮带雨晚来急，
chūn cháo dài yǔ wǎn lái jí

野渡无人舟自横。
yě dù wú rén zhōu zì héng

注释：

西涧：滁州西郊的一条小溪，即今天的西涧湖。　独怜：独爱。

全诗大意

我独爱涧边幽草，黄鹂啼鸣。晚来春雨，水势更急。郊野的渡口，空无一人，只有渡船随意漂浮在湖面。

独怜幽草涧边生
上有黄鹂深树鸣
春潮带雨晚来急
野渡无人舟自横

用手机扫一扫，先玩玩这个游戏，在游戏中理解并记住这首诗吧！

编程游戏

改诗

选取元素

诗中的文字

游戏任务

每个人对一首诗的理解都有不同，如果你想让这首诗变得更为简洁，动手试一试，看看怎样改好呢？游戏的要求是将每句的七个字去掉两个字，这样改，跟原意多少有些出入，权当一个游戏吧！

水村山郭酒旗风（唐·杜牧《江南春》） 白日依山尽（唐·王之涣《登鹳雀楼》） 小溪泛尽却山行（宋·曾几《三衢道中》）

119

赋得古原草送别
fù dé gǔ yuán cǎo sòng bié

唐·白居易

离离原上草，一岁一枯荣。
lí lí yuán shàng cǎo / yí suì yì kū róng

野火烧不尽，春风吹又生。
yě huǒ shāo bú jìn / chūn fēng chuī yòu shēng

远芳侵古道，晴翠接荒城。
yuǎn fāng qīn gǔ dào / qíng cuì jiē huāng chéng

又送王孙去，萋萋满别情。
yòu sòng wáng sūn qù / qī qī mǎn bié qíng

注释：

离离：形容野草茂盛的样子。 远芳：草香飘散得很远。

全诗大意

古原上，野草茂盛。一年又一年，枯萎又新生。野火无法将它烧尽，春风吹来，重获新生。草香远播，弥漫古道。阳光下翠绿的原野，蔓延到荒城边。又送朋友远游，离情恰似这草香弥漫。

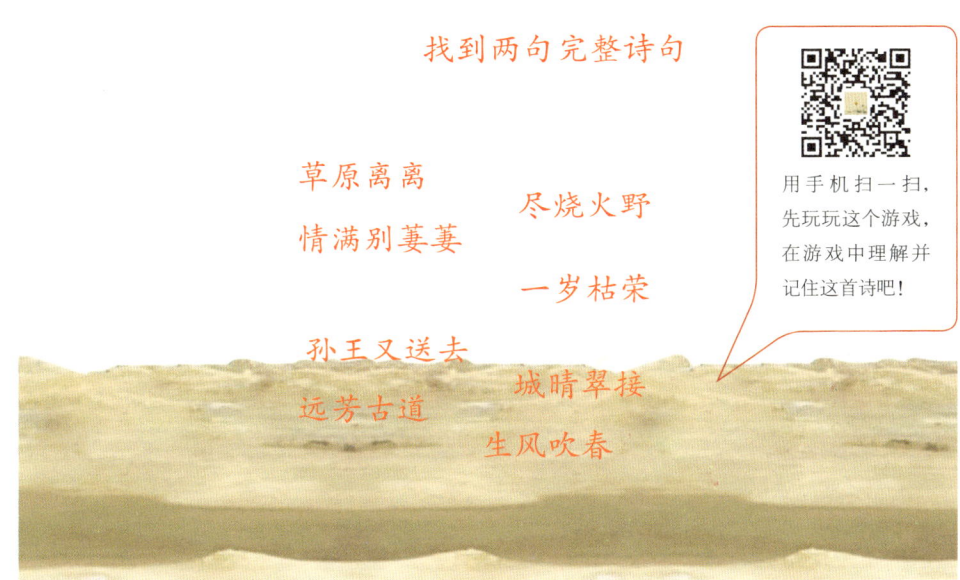

找到两句完整诗句

草原离离
情满别萋萋

尽烧火野

一岁枯荣

孙王又送去
远芳古道

城晴翠接
生风吹春

用手机扫一扫，先玩玩这个游戏，在游戏中理解并记住这首诗吧！

编程游戏

慧眼识诗句

选取元素

乱序的诗句

游戏任务

这个游戏要考考你的**快速反应能力**了，也要考考你对整首诗的**熟练程度**。为增加难度，游戏画面上的诗句全部都是错的，但其中有两个错句中包含两个正确诗句中的所有文字，这两个句子就是游戏所说的完整诗句哦。你能一眼发现吗？

平明送客楚山孤（唐·王昌龄《芙蓉楼送辛渐》） 一片孤城万仞山（唐·王之涣《凉州词》其一） 遥望洞庭山水色（唐·刘禹锡《望洞庭》）

xiǎo ér chuí diào
小儿垂钓

唐·胡令能

péng tóu zhì zǐ xué chuí lún　　cè zuò méi tái cǎo yìng shēn
蓬头稚子学垂纶，侧坐莓苔草映身。
lù rén jiè wèn yáo zhāo shǒu　　pà dé yú jīng bú yìng rén
路人借问遥招手，怕得鱼惊不应人。

注释：

垂纶：钓鱼。

全诗大意

头发蓬乱的小孩，侧身坐在草丛中学钓鱼，野草掩映了他的身影。路人上前，打算问路，小孩生怕惊动了鱼儿，远远地向路人招手，不敢回应。

"路人借问遥招手"的下一句

用手机扫一扫，
先玩玩这个游戏，
在游戏中理解并
记住这首诗吧！

牧童遥指杏花村

怕得鱼惊不应人

编程游戏

快把诗句钓上来！

选取元素

儿童、鱼钩、诗句

游戏任务

这本来是个"钓鱼"游戏，但要你钓的可不是"鱼"，而是一句诗。这句诗是"路人借问遥招手"的下一句，游戏中有个干扰项，两个选项在不停地左右移动，可别钓错了啊！

不论平地与山尖（唐·罗隐《蜂》）　咬定青山不放松
（清·郑燮《竹石》）　黑云翻墨未遮山（宋·苏轼《六月二十七日
望湖楼醉书》其一）

江南春
jiāng nán chūn

唐·杜牧

千里莺啼绿映红，水村山郭酒旗风。
qiān lǐ yīng tí lù yìng hóng　shuǐ cūn shān guō jiǔ qí fēng

南朝四百八十寺，多少楼台烟雨中。
nán cháo sì bǎi bā shí sì　duō shǎo lóu tái yān yǔ zhōng

注释：

郭：外城，也指城镇。

南朝：与北朝对峙的宋、齐、梁、陈政权。

全诗大意

莺鸣燕语，青草与红花相映，水边村寨山麓城郭，酒家的旗帜随风飘动。南朝留下来的古寺，其亭台楼阁都被笼罩在霏霏细雨中。

用手机扫一扫，
先玩玩这个游戏，
在游戏中理解并
记住这首诗吧！

编程游戏

多少楼台烟雨中

选取元素

楼台、烟雨

游戏任务

烟雨中的楼台，**若隐若现，似有似无**，想看清楼台的真模样吗？点击屏幕吧！点击一次，楼台就会清晰一分。点击四次后，楼台会清晰地呈现在你面前。

 远上寒山石径斜（唐·杜牧《山行》） 只在此山中（唐·贾岛《寻隐者不遇》） 不识庐山真面目（宋·苏轼《题西林壁》）

夏日绝句

宋·李清照

生当作人杰，

死亦为鬼雄。

至今思项羽，

不肯过江东。

注释：

人杰：人中豪杰。 **鬼雄**：鬼中英雄。

全诗大意

活着，应该做人中豪杰，死后，也要做鬼中英雄。时至今日，人们依然怀念项羽，是因为他不肯苟且偷生逃回江东。

用手机扫一扫，先玩玩这个游戏，在游戏中理解并记住这首诗吧！

编程游戏

猜猜这是哪首诗？

选取元素

诗句中的文字

游戏任务

诗中的文字**无序地出现**，你要快速反应出这是哪首诗。注意，玩这个游戏时，不要在刚刚读完这首诗时玩哦，那样就没有一点难度了。采取"**突然袭击**"的方式，游戏才有挑战性！

只缘身在此山中（宋·苏轼《题西林壁》） 山外青山楼外楼（宋·林升《题临安邸》） 千锤万凿出深山（明·于谦《石灰吟》）

yuán rì
元日

宋·王安石

bào zhú shēng zhōng yí suì chú   chūn fēng sòng nuǎn rù tú sū
爆竹声中一岁除，春风送暖入屠苏。
qiān mén wàn hù tóng tóng rì   zǒng bǎ xīn táo huàn jiù fú
千门万户曈曈日，总把新桃换旧符。

注释：

元日：农历正月初一，春节。   桃、符：今指春联。

全诗大意

爆竹声中，旧的一年过去了，人们畅饮屠苏酒，和煦的春风送来了温暖。初升的太阳照耀着千家万户，家家户户忙着贴上新的春联。

2020 年

用手机扫一扫，先玩玩这个游戏，在游戏中理解并记住这首诗吧！

编程游戏

爆竹声中一岁除

选取元素

爆竹

游戏任务

新年到，放鞭炮。点击一下爆竹，爆炸一下，新的一年就来了。时间是不是过得很快？一转眼就是新的一年，小朋友也长大了一岁。

两山排闼送青来（宋·王安石《书湖阴先生壁》）　空山不见人（唐·王维《鹿柴》）　山色空蒙雨亦奇（宋·苏轼《饮湖上初晴后雨》）

泊船瓜洲
bó chuán guā zhōu

宋·王安石

京口瓜洲一水间，钟山只隔数重山。
jīng kǒu guā zhōu yì shuǐ jiàn　zhōng shān zhǐ gé shù chóng shān

春风又绿江南岸，明月何时照我还？
chūn fēng yòu lǜ jiāng nán àn　míng yuè hé shí zhào wǒ huán

注释：

瓜洲：今江苏省扬州市。　京口：与瓜洲相对，今江苏省镇江市。

全诗大意

瓜洲和京口一水之隔，与我所居住的钟山也只相隔几座山。春天来了，吹绿了长江南岸，盼望着明月，什么时候才能照亮我回家的路啊？

终点

用手机扫一扫，先玩玩这个游戏，在游戏中理解并记住这首诗吧！

编程游戏

坐上小船好回家

选取元素

小船、山

游戏任务

在群山中，一条**曲曲折折的水路**，那是诗人回家的一条路。拖动小船，送到终点。一路可要小心，不要碰到两岸的大山，也**不要迷路**哦。

 两岸青山相对出（唐·李白《望天门山》） 千山鸟飞绝（唐·柳宗元《江雪》） 轻舟已过万重山（唐·李白《早发白帝城》）

书湖阴先生壁

宋·王安石

茅檐长扫净无苔，
花木成畦手自栽。
一水护田将绿绕，
两山排闼送青来。

注释：

湖阴先生：王安石晚年时的邻居。　排闼：开门。

全诗大意

经常打扫的茅草庭院中，洁净得青苔全无。主人亲手栽种的花木，整齐地排列在一块块田地里。一条小溪环绕着农田，两座大山打开大门，送来浓浓的绿色。

用手机扫一扫，先玩玩这个游戏，在游戏中理解并记住这首诗吧！

编程游戏

一水护田

选取元素

农田、小溪

游戏任务

小溪**环绕**着农田，溪水在**缓缓**流动，好像一条**水带**，守护着农田。需要说明的是，游戏中用编程游戏的方式再现这个场景，只是一个简单的示意。

春江水暖鸭先知（宋·苏轼《惠崇春江晓景》） 春风又绿江南岸（宋·王安石《泊船瓜洲》）

133

饮湖上初晴后雨
yǐn hú shàng chū qíng hòu yǔ

宋·苏轼

水光潋滟晴方好，
shuǐ guāng liàn yàn qíng fāng hǎo

山色空蒙雨亦奇。
shān sè kōng méng yǔ yì qí

欲把西湖比西子，
yù bǎ xī hú bǐ xī zǐ

淡妆浓抹总相宜。
dàn zhuāng nóng mǒ zǒng xiāng yí

注释：

潋滟：波光粼粼的水面。　**西子：**西施，春秋时代越国的美女。

全诗大意

晴空万里，水波荡漾的西湖美极了，而细雨中的西湖，远处的山笼罩在烟雨之中，也别有一番奇特之美。如果把晴朗的西湖比作浓妆的西施，把细雨中的西湖比作淡妆的西施，它们一样美丽动人。

宋代服装？

用手机扫一扫，
先玩玩这个游戏，
在游戏中理解并
记住这首诗吧！

编程游戏

谁穿着宋代服装？

选取元素

穿着唐代服装、宋代服装和现代服装的三个女人

游戏任务

诗人是宋代人，游戏中的三个女人，谁穿着宋代服装呢？选好了，把她拖到屏幕中间那个女人的位置，她会告诉你是对是错！

 江 春来江水绿如蓝（唐·白居易《忆江南》） 江南好，风景旧曾谙（唐·白居易《忆江南》）

题西林壁

宋·苏轼

横看成岭侧成峰，
远近高低各不同。
不识庐山真面目，
只缘身在此山中。

注释：

西林：寺名，在江西省庐山。 缘：因为。

全诗大意

从正面、侧面，远、近、高、低各个方向和角度看庐山，连绵起伏，重峦叠嶂，呈现出不同的样子。之所以认不清庐山的本来面目，是因为身处山峦之中。

用手机扫一扫，先玩玩这个游戏，在游戏中理解并记住这首诗吧！

编程游戏

山脉、山峰和山坡

选取元素

山脉、山峰和山坡的图片

游戏任务

游戏中，有个**可爱的小姑娘**，她没见过山脉，没见过山峰，也没见过山坡，快把她拖到相应的位置，让她看看山脉、山峰和山坡的照片吧！

江　日出江花红胜火（唐·白居易《忆江南》）　能不忆江南
（唐·白居易《忆江南》）

三衢道中
sān qú dào zhōng

宋·曾几

梅子黄时日日晴，小溪泛尽却山行。
méi zi huáng shí rì rì qíng　xiǎo xī fàn jìn què shān xíng

绿阴不减来时路，添得黄鹂四五声。
lǜ yīn bù jiǎn lái shí lù　tiān dé huáng lí sì wǔ shēng

注释：

三衢：山名，在今浙江省衢州市境内。 却山行：再走山间小路。

全诗大意

五月梅子黄透时，天气晴朗，顺着小溪，泛舟而行，行到尽头，改走山路。山路上草木葱翠，林间传来黄鹂欢快的鸣叫声，比来时更添了几分野趣。

用手机扫一扫，
先玩玩这个游戏，
在游戏中理解并
记住这首诗吧！

编程游戏

林间的野趣

选取元素

黄鹂

游戏任务

林间传来**叽叽喳喳**的鸟叫声，那是黄鹂鸟发出的声音。走，我们去**林间寻访**可爱的黄鹂鸟吧，动动你的手指，点一下**飞翔**的黄鹂，看能不能点到九只，点到九只时，会弹出整首诗。

江 黄师塔前江水东（唐·杜甫《江畔独步寻花》） 迟日江山丽
（唐·杜甫《绝句》迟日江山丽）

示儿 (shì ér)

宋·陆游

死去元知万事空，(sǐ qù yuán zhī wàn shì kōng)

但悲不见九州同。(dàn bēi bú jiàn jiǔ zhōu tóng)

王师北定中原日，(wáng shī běi dìng zhōng yuán rì)

家祭无忘告乃翁。(jiā jì wú wàng gào nǎi wēng)

注释：

但：只是。　乃翁：你的父亲。

全诗大意

人常说，死后万事无牵挂，只是我有一件事放不下，那就是没有看见九州的统一。当平定中原，收复失地的那一天，别忘了祭祀祖先，把胜利的喜讯告诉我。

死去原知万事空，
但悲不见五州同。
王师南定中原日，
家祭勿忘告乃翁。

用手机扫一扫，
先玩玩这个游戏，
在游戏中理解并
记住这首诗吧！

编程游戏

找找错！

选取元素

诗句中的文字

游戏任务

游戏在四句诗中分别藏了四个错别字，这四个字，一不小心就放过了。快找一找，到底是哪四个字错了呢？找到了，就狠狠地"打"它一下。

 江船火独明（唐·杜甫《春夜喜雨》） 江枫渔火对愁眠
（唐·张继《枫桥夜泊》）

秋夜将晓出篱门迎凉有感（其二）

宋·陆游

三万里河东入海，

五千仞岳上摩天。

遗民泪尽胡尘里，

南望王师又一年。

注释：

泪尽：泪流干了。

全诗大意

长长的黄河东流入海，高高的华山高耸入天。北宋的遗民对着这样的河山也只能是流干了眼泪，一年又一年，盼望南宋军队收复北方失地。

用手机扫一扫，先玩玩这个游戏，在游戏中理解并记住这首诗吧！

编程游戏

泪流成河

选取元素

北宋遗民、泪滴

游戏任务

这是个情景游戏，只见一位**北宋遗民**面对**故国山河，老泪纵横**，泪水不停地往下滴，一滴、两滴……十滴，泪水**汇聚**成一条长河。这个情景表达了诗人的**悲愤**之情。

 **江** 寒雨连江夜入吴（唐·王昌龄《芙蓉楼送辛渐》） 惟见长江天际流（唐·李白《黄鹤楼送孟浩然之广陵》）

四时田园杂兴 （其二）宋·范成大
sì shí tián yuán zá xìng

méi zǐ jīn huáng xìng zǐ féi　　mài huā xuě bái cài huā xī
梅子金黄杏子肥，麦花雪白菜花稀。
rì cháng lí luò wú rén guò　　wéi yǒu qīng tíng jiá dié fēi
日长篱落无人过，惟有蜻蜓蛱蝶飞。

注释：

日长：正午。　篱落：篱笆。

全诗大意

树上的梅子变得金黄，杏子也越来越饱满了。荞麦花雪白，油菜花稀稀落落。正午的阳光照着篱笆的影子，没有人经过，只有蜻蜓和蝴蝶翩翩飞过。

加一分

用手机扫一扫，
先玩玩这个游戏，
在游戏中理解并
记住这首诗吧！

看看都有谁？

选取元素

蜻蜓、蝴蝶、篱笆

游戏任务

游戏的**画面很丰富**，有蜻蜓，有马，有行人……**对照**原诗看一看，这个画面中，都有谁出现在这首诗中，并记住这几个图像哦，记住它们，会帮助你记住这首诗。

 江南可采莲（汉·汉乐府《江南》） 江上往来人（宋·范仲淹《江上渔者》）

小池
xiǎo chí

宋·杨万里

quán yǎn wú shēng xī xì liú
泉眼无声惜细流，
shù yīn zhào shuǐ ài qíng róu
树阴照水爱晴柔。
xiǎo hé cái lù jiān jiān jiǎo
小荷才露尖尖角，
zǎo yǒu qīng tíng lì shàng tou
早有蜻蜓立上头。

注释：

惜：吝惜。

全诗大意

泉水的源头，悄无声息，是因为不舍得细细的水流，树荫映照在
水面，是因为喜欢晴日的柔和风光。小小的嫩荷刚刚露出叶尖，
蜻蜓早就迫不及待地落在了上面。

用手机扫一扫，先玩玩这个游戏，在游戏中理解并记住这首诗吧！

编程游戏

早有蜻蜓立上头

选取元素

荷叶、蜻蜓

游戏任务

蜻蜓飞累了，要找个地方休息一下。正好池塘里出现几片荷叶，快叫蜻蜓飞过去休息吧！

 江　天门中断楚江开（唐·李白《望天门山》）　独钓寒江雪

（唐·柳宗元《江雪》）

^{chūn rì}
春日

宋·朱熹

shèng rì xún fāng sì shuǐ bīn　　wú biān guāng jǐng yì shí xīn
胜日寻芳泗水滨，无边光景一时新。

děng xián shí dé dōng fēng miàn　　wàn zǐ qiān hóng zǒng shì chūn
等闲识得东风面，万紫千红总是春。

注释：

胜日：天气晴朗的好日子。　等闲：轻易。

全诗大意

天气晴朗的日子，来到泗水河边，春游赏花，一望无垠的风景，焕然一新。春风拂面，让人轻易就能感受到春天的气息。百花盛开，到处是春天。

北

西

东

南

用手机扫一扫，先玩玩这个游戏，在游戏中理解并记住这首诗吧！

编程游戏

吹红春天的花

选取元素

风、花

游戏任务

东、南、西、北四个**风向**的风，只有一种能**吹红春天**的小花，试一试，看看她是东风？南风？西风？北风？点对了，就会弹出整首诗。

 江　千里江陵一日还（唐·李白《早发白帝城》）　过江千尺浪

（唐·李峤《风》）

题临安邸
tí lín ān dǐ

宋 · 林升

山外青山楼外楼，
shān wài qīng shān lóu wài lóu

西湖歌舞几时休？
xī hú gē wǔ jǐ shí xiū

暖风熏得游人醉，
nuǎn fēng xūn dé yóu rén zuì

直把杭州作汴州。
zhí bǎ háng zhōu zuò biàn zhōu

注释：

熏：吹。　直：简直。

全诗大意

青山和楼阁连绵不尽，西湖上的歌舞何时才能停休？暖洋洋的香风吹得游人如痴如醉，简直是把杭州当成了汴州。

用手机扫一扫，先玩玩这个游戏，在游戏中理解并记住这首诗吧！

杭州

汴州

苏州

扬州

编程游戏

客官可知身在何处？

选取元素

舞娘

游戏任务

诗中描写的景象是哪里？游戏给了你四个选项：杭州、汴州、苏州、扬州，快选一个正确的答案吧！

 不肯过江东（宋·李清照《夏日绝句》）

游园不值

宋·叶绍翁

应怜屐齿印苍苔，

小扣柴扉久不开。

春色满园关不住，

一枝红杏出墙来。

注释:

不值: 没有机会。 **屐齿:** 鞋底前后都有高跟的木鞋。

全诗大意

可能是主人不忍心让我的木屐踩坏院子里的青苔，我轻轻地敲柴门，却很久没有人来开门。但是满园的春色是关不住的，一只红色的杏花就伸出墙外了。

用手机扫一扫，先玩玩这个游戏，在游戏中理解并记住这首诗吧！

编程游戏

一枝红杏出墙来

选取元素

红杏、墙

游戏任务

游戏中，一只红杏伸出墙头，构成一幅*美妙的景色*。你知道诗人描写的是哪个*季节*的景色吗？*春天？ 夏天？ 秋天？ 冬天？*

 春江水暖鸭先知 （宋·苏轼《惠崇春江晓景》） 京口瓜洲一水间 （宋·王安石《泊船瓜洲》）

guān shū yǒu gǎn
观书有感 宋·朱熹

bàn mǔ fāng táng yí jiàn kāi　　tiān guāng yún yǐng gòng pái huái
半亩方塘一鉴开，天光云影共徘徊。
wèn qú nǎ dé qīng rú xǔ　　wèi yǒu yuán tóu huó shuǐ lái
问渠那得清如许？为有源头活水来。

注释：

一鉴开：像一面镜子被打开。　渠：指方塘。

全诗大意

半亩大的方塘，像一面镜子一样呈现出来，阳光和云彩在如镜的水中闪动荡漾。池塘里的水为什么如此清澈呢？因为活水从源头源源不断地流淌而来。

拼一拼

用手机扫一扫，先玩玩这个游戏，在游戏中理解并记住这首诗吧！

编程游戏

拼一拼

选取元素

图片

游戏任务

游戏画面的上部，有一张完整的照片，看着跟诗中描述的景色有些相似哦。这张图片被切成四个部分，无序地放在画面下部的方格里。请你按照原图，将这四张图复原吧！

春来江水绿如蓝（唐·白居易《忆江南》） 黄师塔前江水东（唐·杜甫《江畔独步寻花》）

石灰吟
shí huī yín

明·于谦

千锤万凿出深山，
qiān chuí wàn záo chū shēn shān

烈火焚烧若等闲。
liè huǒ fén shāo ruò děng xián

粉身碎骨浑不怕，
fěn shēn suì gǔ hún bú pà

要留清白在人间。
yào liú qīng bái zài rén jiān

注释：

若等闲：好像很平常。　**浑：**全。

全诗大意

从深山里千锤万凿开采出来的石灰石，经历烈火的焚烧就是平常的事情了。只要能把自己的清白留在世界上，粉身碎骨的锤炼也不害怕。

《石灰吟》
明·于谦

千锤万凿出深山，
烈火焚烧若等闲。
粉身碎骨浑不怕，
要留清白在人间。

用手机扫一扫，
先玩玩这个游戏，
在游戏中理解并
记住这首诗吧！

编程游戏

千锤万凿

选取元素

石灰石

游戏任务

诗中描绘了石灰石**不怕烈火焚烧，不怕千锤万凿**。游戏中，就有
这样一块石头，点击它，看你几下能将它点裂。

 胜日寻芳泗水滨（宋·朱熹《春日》） 桃花流水鳜鱼肥
（唐·张志和《渔歌子》）

己亥杂诗
jǐ hài zá shī

清·龚自珍

九州生气恃风雷，
jiǔ zhōu shēng qì shì fēng léi

万马齐喑究可哀。
wàn mǎ qí yīn jiū kě āi

我劝天公重抖擞，
wǒ quàn tiān gōng chóng dǒu sǒu

不拘一格降人才。
bù jū yì gé jiàng rén cái

注释：

生气：生机勃勃的局面。　恃：依靠。

全诗大意

只有依靠风雷激荡般的力量，才能使九州大地焕发生机，朝野上下噤口不言，终究是一种悲哀。我奉劝皇上能重振精神，不要拘泥于一定之规，以便选取更多的人才。

用手机扫一扫，先玩玩这个游戏，在游戏中理解并记住这首诗吧！

马　驴

分辨马和驴

选取元素

马、驴

游戏任务

马和驴不太好分辨，对于从小**生活在城市**里的小朋友来说，更是如此。游戏中，有几匹马和几头驴，你能分辨出哪些是马，哪些是驴吗？

　水村山郭酒旗风（唐·杜牧《江南春》）　遥望洞庭山水色（唐·刘禹锡《望洞庭》）

159

村居 (cūn jū)

清·高鼎

草长莺飞二月天，(cǎo zhǎng yīng fēi èr yuè tiān)
拂堤杨柳醉春烟。(fú dī yáng liǔ zuì chūn yān)
儿童散学归来早，(ér tóng sàn xué guī lái zǎo)
忙趁东风放纸鸢。(máng chèn dōng fēng fàng zhǐ yuān)

注释：

纸鸢：指风筝。

全诗大意

农历二月，草在长，黄莺飞来飞去。长长的柳枝条，轻抚堤岸。杨柳似乎陶醉在袅袅春烟之中。孩子们放学后急忙跑回家，趁着东风让风筝飞上蓝天。

用手机扫一扫，
先玩玩这个游戏，
在游戏中理解并
记住这首诗吧！

编程游戏

放风筝

选取元素

风筝、云、树

游戏任务

你放过风筝吗？放风筝讲究**收放自如**，游戏画面中，上有云朵，下有树梢，不能让风筝**碰到云朵**，也不能让风筝碰到树梢。通过上下键控制风筝的高度，让它正常飞翔吧。

 水   白毛浮绿水（唐·骆宾王《咏鹅》）   为有源头活水来（宋·朱熹《观书有感》）

竹石

清·郑燮

咬定青山不放松，
立根原在破岩中。
千磨万击还坚劲，
任尔东西南北风。

注释：

咬定：咬紧。　破岩：石头的缝隙。

全诗大意

竹子的根扎在青山之中，像咬住了一样不放松，它牢牢地把根扎在岩石的缝隙里。无论经历千种磨难、万般打击，无论哪个方向的狂风吹来，它依然坚韧无比。

西北风

东南风

用手机扫一扫，先玩玩这个游戏，在游戏中理解并记住这首诗吧！

编程游戏

风与竹的对话

选取元素

风、竹

游戏任务

这是一个互动的场景游戏。游戏中，**最严酷的西北风**吹来，竹子一边随风摇动，一边毫无惧色地对风说："**我很坚强！**"小朋友，你觉得小竹子**勇敢**吗？

 水 　一水护田将绿绕（宋·王安石《书湖阴先生壁》）　望湖楼下水如天（宋·苏轼《六月二十七日望湖楼醉书》其一）

乐游原

唐·李商隐

向晚意不适，驱车登古原。
夕阳无限好，只是近黄昏。

注释：

向晚：傍晚。　意不适：心情不舒服。

全诗大意

傍晚时，心情不快，驾车登上辽阔的原野。夕阳西下，无限美好，只可惜已接近黄昏。

用手机扫一扫，
先玩玩这个游戏，
在游戏中理解并
记住这首诗吧!

编程游戏

不要羡慕我!

选取元素

夕阳、车轮

游戏任务

这游戏是车轮和夕阳之间的一番对话。车轮觉得自己跟夕阳一样都是圆圆的，却在地上行走，而夕阳在天上。夕阳却说："夕阳无限好，只是近黄昏。我要落山了。"

 水光潋滟晴方好 (宋·苏轼《饮湖上初晴后雨》)

七步诗
qī bù shī

三国·魏·曹植

煮豆持作羹，漉豉以为汁。
zhǔ dòu chí zuò gēng　lù chǐ yǐ wéi zhī

萁在釜下燃，豆在釜中泣。
qí zài fǔ xià rán　dòu zài fǔ zhōng qì

本自同根生，相煎何太急？
běn zì tóng gēn shēng　xiāng jiān hé tài jí

注释：

漉：过滤。　燃：燃烧。

全诗大意

锅里煮着豆子，准备把残渣过滤出去，留下豆汁做成羹。豆萁在锅下燃烧，豆子在锅里哭泣。豆子和豆萁本来是同一条根上生长出来的，豆萁为何这么急迫地烧煮煎熬豆子呢？

把火和柴移到锅下吧！

用手机扫一扫，先玩玩这个游戏，在游戏中理解并记住这首诗吧！

编程游戏

煮豆燃豆萁

选取元素

火、热气、锅、豆萁

游戏任务

这个游戏再现了"煮豆燃豆萁"的情景，当你先后将火、豆萁移动到煮豆的锅下边时，锅上边会冒出**腾腾热气**，想象一下，锅里的豆子是何感受？

水 桃花潭水深千尺（唐·李白《赠汪伦》）

鸟鸣涧

唐·王维

人闲桂花落，
夜静春山空。
月出惊山鸟，
时鸣春涧中。

注释：

闲：这里指人声寂静的意思。　空：空寂。

全诗大意

人声寂静的时候，看到桂花徐徐飘落，静静的夜晚更显得山林空旷。月亮出来惊动山中的鸟儿，不时发出的鸣叫声，在空旷的山涧回响。

静 惊
春
闲

人 ■ 桂 花 落，
夜 ■ 春 山 空。
月 出 ■ 山 鸟，
时 鸣 ■ 涧 中。

用手机扫一扫，
先玩玩这个游戏，
在游戏中理解并
记住这首诗吧！

编程游戏

鸟儿叫你快回家！

选取元素

诗句中的文字

游戏任务

诗中的四个字很**贪玩**，私自外出游玩，到了晚上也不回家，**热心的鸟儿**
啾啾地叫个不停，这是在喊四个贪玩的小家伙回家吧？你能帮帮它们吗？

 树阴照水爱晴柔（宋·杨万里《小池》）

féng xuě sù fú róng shān zhǔ rén
逢雪宿芙蓉山主人

唐 · 刘长卿

rì mù cāng shān yuǎn
日暮苍山远，

tiān hán bái wū pín
天寒白屋贫。

chái mén wén quǎn fèi
柴门闻犬吠，

fēng xuě yè guī rén
风雪夜归人。

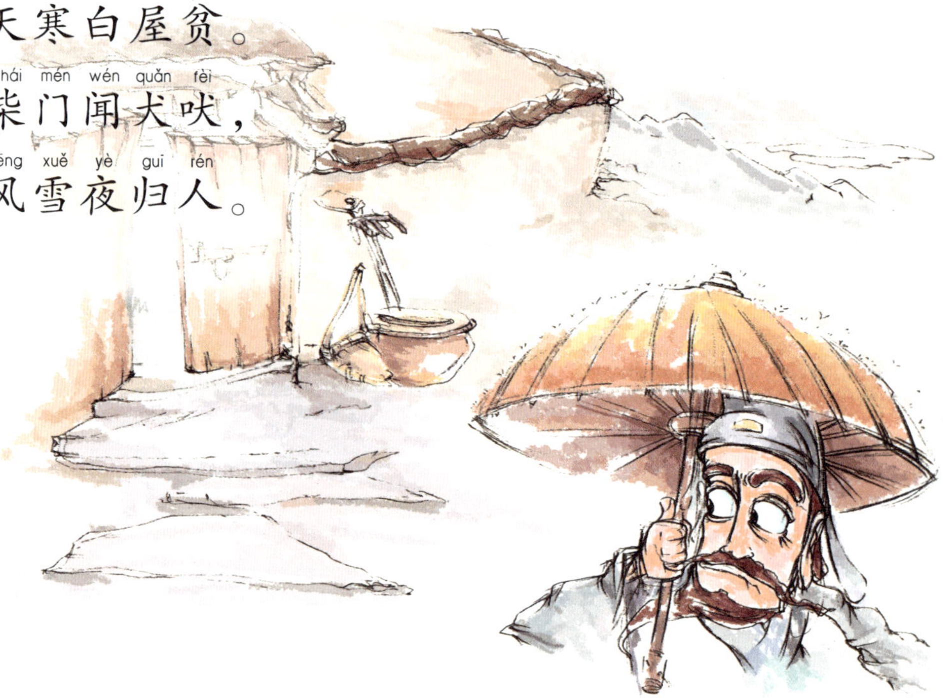

注释：

苍山：青山。　**白屋**：贫家的住所。

全诗大意

夜幕降临，青山显得更远。天寒地冻，茅屋显得更为贫寒。柴门里传来狗叫声，它发现有人在风雪夜里回来了。

用手机扫一扫，先玩玩这个游戏，在游戏中理解并记住这首诗吧！

柴门闻犬吠

选取元素

小狗、夜归人

游戏任务

小狗很机敏，听见雪夜里的脚步声，知道有人回来了。它很想跑出去看个究竟，就差你点它一下哦！

 碧水东流至此回（唐·李白《望天门山》）

| 玩游戏　学古诗 |

让我们来玩个游戏吧

导读手册

目录

一、古诗游戏里藏着优雅的童年

古人写诗不是让孩子背诵的，而是用来玩的，古诗本身就是一种优雅的阅读游戏。这里特意强调"游戏"二字，不是为了贬低古诗的文学价值，而是想让孩子一翻开这套书，就能沉浸在轻松、愉悦、优雅的阅读体验之中。

像书中收入的《风》《村居》《所见》《池上》《小儿垂钓》等古诗，都是在描绘童年的那些趣味游戏。猜字谜、放风筝、捕蝉、采莲、钓鱼的游戏，在诗人的笔下变得画面感十足，就像一个个小视频，满是可以看见的快乐和优雅！

游戏是孩子的天性，是孩子对真实世界的想象。古人没有手机、没有电脑，他们更多是从大自然中寻找乐趣；现在的孩子，还可以在手机、电脑里游戏。虽然游戏的载体也许会有变化，但"游戏"的乐趣不会改变。

孩子会主动玩游戏，而不会主动"学习"。这套书就是给孩子的游戏活动提供更多的选择，也可以说，给孩子学古诗找到了一个游戏化的切入点，把玩游戏和学古诗巧妙地融合在一起，让孩子根本分不清自己到底是在学习，还是在玩游戏！美国心理学家劳伦斯·科恩说："即便是最平常的游戏，也蕴藏着深意。"作为家长，要相信孩子具备自我学习的能力，也要相信游戏的力量，家长要做的，就是跟孩子一起玩好书中的游戏。

80个互动游戏把孩子吸引到诗边！

本书用编程的方式为80首古诗开发了80个可以互动的游戏，只要扫一扫书中的二维码，孩子就可以在虚拟的世界里，模拟射击、转盘、捕蝉、钓鱼、放风筝等他们现在已经难得一玩的游戏。这些跨越时空的古诗游戏，让孩子浸泡在古诗的气韵之中，自觉地用游戏反复挑战自己，自觉地亲近古诗、理解古诗、记忆古诗，自然而然地感悟诗中的意境。你会发现，玩着玩着，这些古诗家长根本不需要逼着孩子去背诵，只要能用这些游戏把孩子吸引到诗的"身边"，他就会去主动发现诗的秘密；只要他想玩这些游戏，他就会去查看前面的古诗；只要他开始玩这些游戏，就会玩第二遍、第三遍，古诗自然也就记住了。而书中收入的80首古诗，在这里只是孩子玩游戏时必备的查询资料。在一个"风"吹树梢的日子，也许孩子就会望"风"吟出："解落三秋叶，能开二月花。过江千尺浪，入竹万竿斜。"孩子的童年也因此悄无声息地涂上一抹优雅的底色。

飞花棋给孩子提供一个挑战的舞台!

　　飞花令是古人饮酒时助兴的文雅游戏。古人玩的飞花令对格律、关键字出现的位置等都有严格规定,这对刚刚接触古诗的孩子而言,实在太难了。我们设计这套"飞花棋"的初衷,只是为了给孩子提供一个挑战自己和他人的舞台,并在挑战中反复熟悉诗句,就没有设置那么多的条条框框,只要按棋规对出的诗句含有关键字就行,让一盘激烈的棋局中,不时地需要调用古诗中的诗句。一盘棋局,只要吃子,就需要吟诵含有关键字的诗句,还不能重复,否则吃子无效。这样的规则设置,也是为了让孩子自觉地去记住那些美妙的诗句。

　　孩子初学古诗,在玩飞花棋时,难免出现应对不畅的情况。设计飞花棋的目的,当然不是为了为难孩子,只是换个方式学古诗。所以,为了降低游戏的难度,让孩子能从游戏中找到成就感、满足感,也为了让孩子玩得顺畅,我们从书中收入的80首古诗中,将8个关键字(也就是8颗棋子)相关的诗句以表格方式罗列出来,便于孩子初玩飞花棋时快速查阅。当然,古诗基础好的孩子,完全可以不用查阅,或者使用表格中没有收入的诗句。玩得多了,这些诗句孩子自然就能脱口而出,内化于心。

二、飞花棋：一盘棋局满盘诗

棋盘

8×7 的方格式棋位，共 56 个棋位。短边各 7 个棋位，为对弈双方的端线。端线正中的 1 个棋位称为"诗仙"，"诗仙"外围呈品字形排列的 3 个棋位称为"诗魔"。在棋盘中部对称排列着两个 2×2 的长方形区域，各含有 4 个棋位，称为"诗河"。棋盘中写着"春、天、风、水、江、山、日、月"8 个字，这是布子的棋位。

棋子

双方各 8 枚棋子，分别是春、天、风、水、江、山、日、月。共 16 枚棋子。

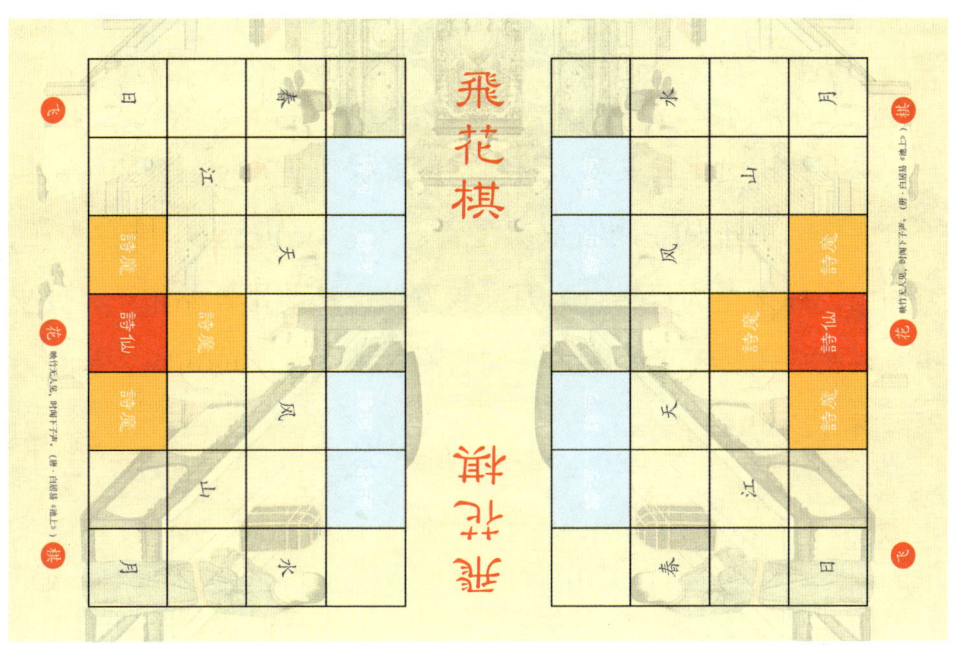

布子

　　双方按棋盘上的文字，将自己的 8 枚棋子布入己方棋位。棋子分 3 排，前排从左到右依次是春、天、风、水，中排左为江、右为山，后排左为日、右为月。双方轮流从前排开始布子，要求一方每布一子，都要吟诵出一句含有棋位上汉字的古诗，另一方不能重复这句古诗。

走子

　　1. 谁先走子：在布子阶段，一旦一方布子时没能吟诵出相应的诗句，则失去先走子的机会。如果双方都顺利吟诵出相应的诗句，则采取石头、剪子、布的方式决定谁先走子。

　　2. 怎么走子：对弈双方轮流走子，通常情况下所有棋子都要步行走入相邻的棋位，可以纵向走、横向走，也可后退，但不能斜向走子。

　　3. 走子禁区：所有棋子都不能进入自己一方的"诗仙"位。除了"水"字棋可以进入诗河步行以外，其他棋子都不能进入"诗河"。

　　4. 走子特权："日"字棋、"月"字棋可以纵向或横向跳过诗河，到达对岸棋位，但不能从"水"字棋的上方跳过。

吃子

1. 走子时按走子的规则，可以吃掉目标棋位上的对方棋子，但有个条件，就是吃子一方要吟诵出一句含有被吃棋子上文字的诗句。一局棋内，不得出现重复诗句，否则，吃子无效，退回被吃棋子，被吃棋子可趁机移开。

2. 我们约定棋子的诗力由强到弱依次是：春、月、日、风、天、山、江、水，但"水"又可以吃"春"。诗力较强的棋子可以吃掉诗力较弱的对方棋子。

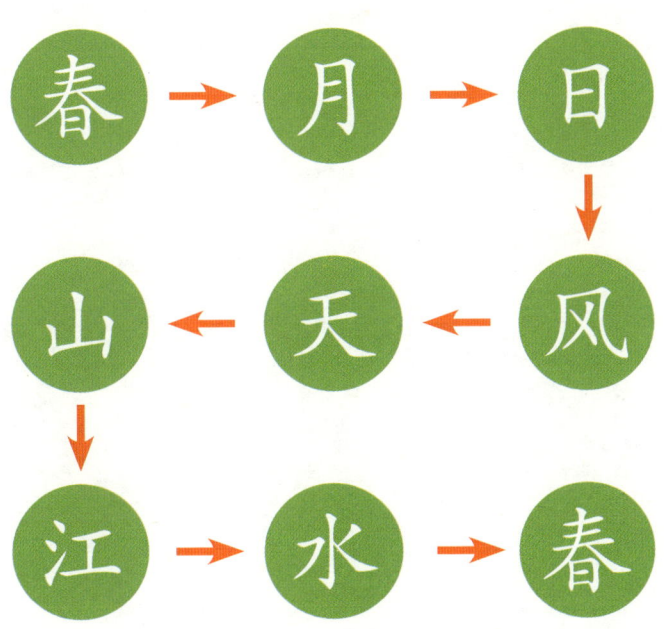

3. 双方相同的棋子相遇时，可以吃掉对方，先下手为强。

"水"字棋可以受到诗河的保护，位于岸边的棋子不能吃"水"。但双方的"水"字棋无论在何处相遇，都可以互吃，先下手为强。

4. "诗魔"是"诗仙"最后的防线，进入我方"诗魔"棋位的对方棋子会丧失诗力，我方任何棋子都可以吃掉它。

5. 对弈双方都以占领对方"诗仙"位为目标，任何一枚棋子占领对方"诗仙"位时就获胜了。

三、飞花棋诗句速查表

字	诗句	出处
春 （22句）	春江水暖鸭先知	惠崇春江晚景
	春风又绿江南岸	泊船瓜洲
	春来江水绿如蓝	忆江南
	春光懒困倚微风	江畔独步寻花
	万紫千红总是春	春日
	夜静春山空	鸟鸣涧
	时鸣春涧中	鸟鸣涧
	春风花草香	绝句 迟日江山丽
	阳春布德泽	长歌行
	春风送暖入屠苏	元日
	春种一粒粟	悯农 其一
	拂堤杨柳醉春烟	村居
	当春乃发生	春夜喜雨

字	诗句	出处
	春眠不觉晓	春晓
	二月春风似剪刀	咏柳
	春来发几枝	相思
	报得三春晖	游子吟
	最是一年春好处	早春呈水部张十八员外
	春潮带雨晚来急	滁州西涧
	春风吹又生	赋得古原草送别
	春色满园关不住	游园不值
	春风不度玉门关	凉州词 黄河远上白云间
月 （14句）	明月何时照我还	泊船瓜洲
	月出惊山鸟	鸟鸣涧
	月落乌啼霜满天	枫桥夜泊
	床前明月光	静夜思
	举头望明月	静夜思
	秦时明月汉时关	出塞
	小时不识月	古朗月行
	月黑雁飞高	塞下曲
	毕竟西湖六月中	晓出净慈寺送林子方
	乡村四月闲人少	乡村四月

字	诗句	出处
	湖光秋月两相和	望洞庭
	霜叶红于二月花	山行
	烟花三月下扬州	黄鹤楼送孟浩然之广陵
	能开二月花	风
日 （16句）	日出江花红胜火	忆江南
	胜日寻芳泗水滨	春日
	迟日江山丽	绝句 迟日江山丽
	朝露待日晞	长歌行
	千门万户曈曈日	元日
	日暮苍山远	逢雪宿芙蓉山主人
	锄禾日当午	悯农 其二
	日照香炉生紫烟	望庐山瀑布
	王师北定中原日	示儿
	日长篱落无人过	四时田园杂兴 其二
	映日荷花别样红	晓出净慈寺送林子方
	白日依山尽	登鹳雀楼
	梅子黄时日日晴	三衢道中
	千里黄云白日曛	别董大
	孤帆一片日边来	望天门山

字	诗句	出处
	千里江陵一日还	早发白帝城
风 （22句）	等闲识得东风面	春日
	春风花草香	绝句 迟日江山丽
	春风送暖入屠苏	元日
	忙趁东风放纸鸢	村居
	随风潜入夜	春夜喜雨
	夜来风雨声	春晓
	二月春风似剪刀	咏柳
	春风吹又生	赋得古原草送别
	风雪夜归人	逢雪宿芙蓉山主人
	风光不与四时同	晓出净慈寺送林子方
	九州生气恃风雷	己亥杂诗
	浪淘风簸自天涯	浪淘沙
	斜风细雨不须归	渔歌子
	风吹草低见牛羊	敕勒歌
	水村山郭酒旗风	江南春
	潭面无风镜未磨	望洞庭
	无限风光尽被占	蜂
	任尔东西南北风	竹石

字	诗句	出处
	暖**风**熏得游人醉	题临安邸
	北**风**吹雁雪纷纷	别董大
	卷地**风**来忽吹散	六月二十七日望湖楼醉书 其一
	出没**风**波里	江上渔者
天 （17句）	草长莺飞二月**天**	村居
	天街小雨润如酥	早春呈水部张十八员外
	月落乌啼霜满**天**	枫桥夜泊
	天寒白屋贫	逢雪宿芙蓉山主人
	疑是银河落九**天**	望庐山瀑布
	接**天**莲叶无穷碧	晓出净慈寺送林子方
	我劝**天**公重抖擞	己亥杂诗
	浪淘风簸自**天**涯	浪淘沙
	天似穹庐，笼盖四野	敕勒歌
	天苍苍，野茫茫	敕勒歌
	曲项向**天**歌	咏鹅
	天光云影共徘徊	观书有感
	天下谁人不识君	别董大
	一行白鹭上青**天**	绝句 两个黄鹂鸣翠柳
	望湖楼下水如**天**	六月二十七日望湖楼醉书 其一

字	诗句	出处
	惟见长江天际流	黄鹤楼送孟浩然之广陵
	天门中断楚江开	望天门山
山 （31句）	钟山只隔数重山	泊船瓜洲
	夜静春山空	鸟鸣涧
	月出惊山鸟	鸟鸣涧
	迟日江山丽	绝句 迟日江山丽
	姑苏城外寒山寺	枫桥夜泊
	不教胡马度阴山	出塞
	日暮苍山远	逢雪宿芙蓉山主人
	绿遍山原白满川	乡村四月
	西塞山前白鹭飞	渔歌子
	敕勒川，阴山下	敕勒歌
	水村山郭酒旗风	江南春
	白日依山尽	登鹳雀楼
	小溪泛尽却山行	三衢道中
	平明送客楚山孤	芙蓉楼送辛渐
	一片孤城万仞山	凉州词·王之涣
	遥望洞庭山水色	望洞庭
	不论平地与山尖	蜂

字	诗句	出处
	咬定青山不放松	竹石
	空山不见人	鹿柴
	远上寒山石径斜	山行
	只在此山中	寻隐者不遇
	不识庐山真面目	题西林壁
	只缘身在此山中	题西林壁
	山外青山楼外楼	题临安邸
	千锤万凿出深山	石灰吟
	两山排闼送青来	书湖阴先生壁
	黑云翻墨未遮山	六月二十七日望湖楼醉书 其一
	山色空蒙雨亦奇	饮湖上初晴后雨
	两岸青山相对出	望天门山
	千山鸟飞绝	江雪
	轻舟已过万重山	早发白帝城
江 （19句）	春江水暖鸭先知	惠崇春江晓景
	春风又绿江南岸	泊船瓜洲
	春来江水绿如蓝	忆江南
	江南好，风景旧曾谙	忆江南
	日出江花红胜火	忆江南

字	诗句	出处
	能不忆江南	忆江南
	黄师塔前江水东	江畔独步寻花
	迟日江山丽	绝句 迟日江山丽
	江船火独明	春夜喜雨
	江枫渔火对愁眠	枫桥夜泊
	寒雨连江夜入吴	芙蓉楼送辛渐
	惟见长江天际流	黄鹤楼送孟浩然之广陵
	江南可采莲	江南
	江上往来人	江上渔者
	天门中断楚江开	望天门山
	独钓寒江雪	江雪
	千里江陵一日还	早发白帝城
	过江千尺浪	风
	不肯过江东	夏日绝句
水 （16句）	春江水暖鸭先知	惠崇春江晓景
	京口瓜洲一水间	泊船瓜洲
	春来江水绿如蓝	忆江南
	黄师塔前江水东	江畔独步寻花
	胜日寻芳泗水滨	春日

字	诗句	出处
	桃花流水鳜鱼肥	渔歌子
	水村山郭酒旗风	江南春
	遥望洞庭山水色	望洞庭
	白毛浮绿水	咏鹅
	为有源头活水来	观书有感
	一水护田将绿绕	书湖阴先生壁
	望湖楼下水如天	六月二十七日望湖楼醉书 其一
	水光潋滟晴方好	饮湖上初晴后雨
	桃花潭水深千尺	赠汪伦
	树阴照水爱晴柔	小池
	碧水东流至此回	望天门山

四、古诗游戏是怎样编成的

少儿编程很热，国家很重视，学校很重视，家长们也很重视，但这套书无意教孩子学编程，编程不是本套书要承担的任务。我们只是结合古诗里的关键元素，在"编程猫"平台上用编程的方式开发出 80 个游戏。

这 80 个编程游戏，只是 80 个"引子"，能吸引孩子、让孩子爱玩就足够了。我们不想让本该很愉快的游戏，给孩子带去太多的压力。这也是我们没有将多少有些枯燥的编程积木纳入书中的原因所在。

尽管如此，书中游戏任务的设置思路，其实对培养孩子的编程思维很有帮助。编程的过程，本身就是完成一个个任务的过程。有了这种思维，孩子学习编程时，就会得心应手，没有思维上的障碍。

现在也有很多孩子开始学习编程了，如果这部分孩子想了解书中好玩的编程游戏是怎么编成的，可以扫描下面的二维码，我们将书中游戏的编程积木原封不动地分享出来，供孩子参考、查阅或者模仿。我们更鼓励孩子用自己的方式进行改造，因为完成任务的方法是多种多样的，游戏任务的创意也是无穷无尽的。我们相信孩子能做得更好！